_____ 학교 ____ 학년____반_____ 의 책이에요.

❸ 스스로 활동해 보세요

이 시리즈는 단지 지식을 전달하기 위한 교양서가 아니에요. 어린이 여러분이 교과서로 수업 시간에 배운 내용을 실제 현장에서 직접 체험하며 익힐 수 있도록 다양한 활동 내용을 담았지요. 책 중간이나 뒷부분에 이해를 돕기 위한 활동이 있으니 꼭 스스로 정리해 보세요.

❹ 견학 후 활동이 다양해요

체험학습 후에는 반드시 견학 후 여러 가지 활동을 해 보세요. 보고서 쓰기, 신문 만들기, 그림 그리기 등을 통해 체험학습에서 보고 들은 내용을 다시 한번 정리하면 알찬 체험학습이 될 거예요.

신나는 교과 체험학습 50

기차 보러 갈 사람 여기 붙어라 **철도박물관**

초판 1쇄 발행 | 2006. 3. 30.
개정 3판 5쇄 발행 | 2023. 11. 10.

글 고승은 | **그림** 이루다 | **감수** 손길신

발행처 김영사 | **발행인** 고세규
등록번호 제 406-2003-036호 | **등록일자** 1979. 5. 17.
주소 경기도 파주시 문발로 197(우10881)
전화 마케팅부 031-955-3100 | 편집부 031-955-3113~20 | 팩스 031-955-3111
사진 석호준 철도박물관 한국철도공사

© 고승은, 2006
이 책의 저작권은 저자에게 있습니다. 저자와 출판사의 허락 없이 내용의 일부를 인용하거나
발췌하는 것을 금합니다.

값은 표지에 있습니다.
ISBN 978-89-349-9664-4 64000
ISBN 978-89-349-8306-4 (세트)

좋은 독자가 좋은 책을 만듭니다. 김영사는 독자 여러분의 의견에 항상 귀 기울이고 있습니다.
전자우편 book@gimmyoung.com | 홈페이지 www.gimmyoungjr.com

기차 보러 갈 사람 여기 붙어라

철도박물관

글 고승은 그림 이루다 감수 손길신

주니어김영사

철도박물관에 가기 전에

미리 준비하기

1. **준비물** 사진기, 필기도구, 《철도박물관》 책

2. **옷차림** 철도박물관은 야외에도 전시장이 있어요. 뜨거운 여름에는 햇빛에 얼굴이 안 타게 모자를 챙겨 가세요. 가방은 간단히 준비물 몇 개만 넣을 수 있는 작은 것이 좋아요. 추운 겨울이 아니면 박물관 주위에 있는 의왕시 자연체험학습장도 둘러볼 수 있으므로 식물이나 곤충 채집에 필요한 도구를 준비하면 더 좋겠지요.

미리 알아 두기

휴관일	매주 월요일, 1월1일, 설날과 추석 연휴, 공휴일 다음 날
	(예를 들어 5월 5일 어린이날이 화요일이면 그 다음 날인 수요일도 쉬어요.)

관람 시간

3월 ~ 10월	오전 9시 ~ 오후 6시
11월 ~ 2월	오전 9시 ~ 오후 5시

관람료

	어른	어린이·청소년
개인	2,000원	1,000원
단체	1,000원	500원

문의	그 밖의 문의 사항은 철도박물관 031)461-3610로 전화하세요.
	홈페이지 www.railroadmuseum.co.kr를 참고하세요.
주소	경기도 의왕시 철도박물관로 142

철도박물관에서 알아 두면 좋아요!

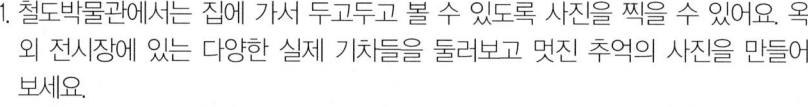

1. 철도박물관에서는 집에 가서 두고두고 볼 수 있도록 사진을 찍을 수 있어요. 옥외 전시장에 있는 다양한 실제 기차들을 둘러보고 멋진 추억의 사진을 만들어 보세요.

2. 1층 운전체험실을 이용하려면 관람료 외에 500원이 더 필요하니까 용돈을 준비해 가면 좋아요.

철도박물관에 가는 방법

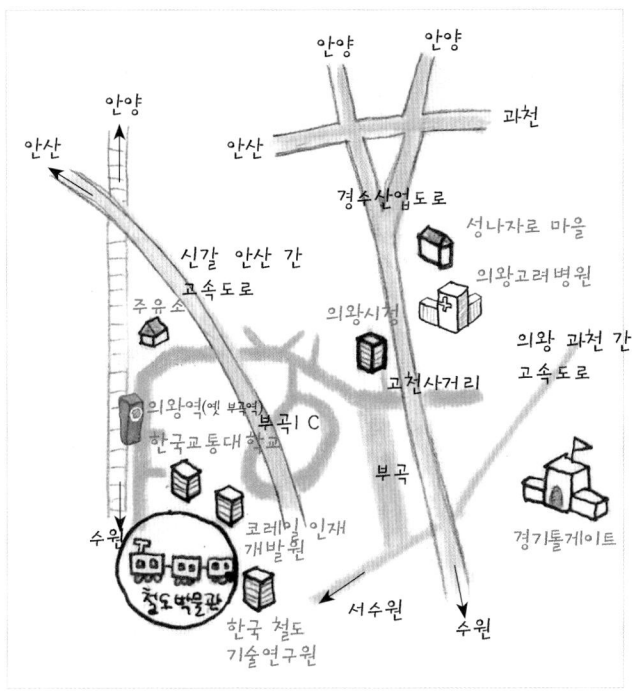

🚌 버스 타고 가자

의왕역 2번 출구에서 1-1, 1-5, 5번 버스를 타고, 한국교통대학교 앞에서 내려요. 3분 정도 걸어가면 철도박물관이 나와요.

🚈 지하철 타고 가자

서울 시내 1호선 전철을 타고 의왕역에서 내려 2번 출구 한국교통대학교 방향으로 나와요. 서울역에서 출발할 경우 60분 정도 걸려요.

🚗 부모님과 승용차로 가자

영동고속도로 부곡IC에서 1.5킬로미터 가거나 서울~수원 간 국도 고천사거리에서 의왕역 쪽으로 3킬로미터를 가면 철도박물관이 나와요. 사당역에서 출발할 경우 40분 정도 걸려요.

차례

여기는 철도박물관

해마다 삼십만 명의 사람들이 다녀가는 철도박물관에는 우리나라 철도의 소중한 자료들이 전시되어 있어요. 88서울올림픽이 열렸던 1988년 1월 26일에 문을 열었답니다. 1899년 제물포와 노량진 간 운행된 우리나라 최초의 철도가 개통된 이래 눈부시게 발전해 온 우리나라 철도의 역사를 한눈에 볼 수 있어요.

우리나라의 철도가 어떻게 발전해 왔는지, 앞으로 어떻게 변할지 체험하러 떠나 볼까요?

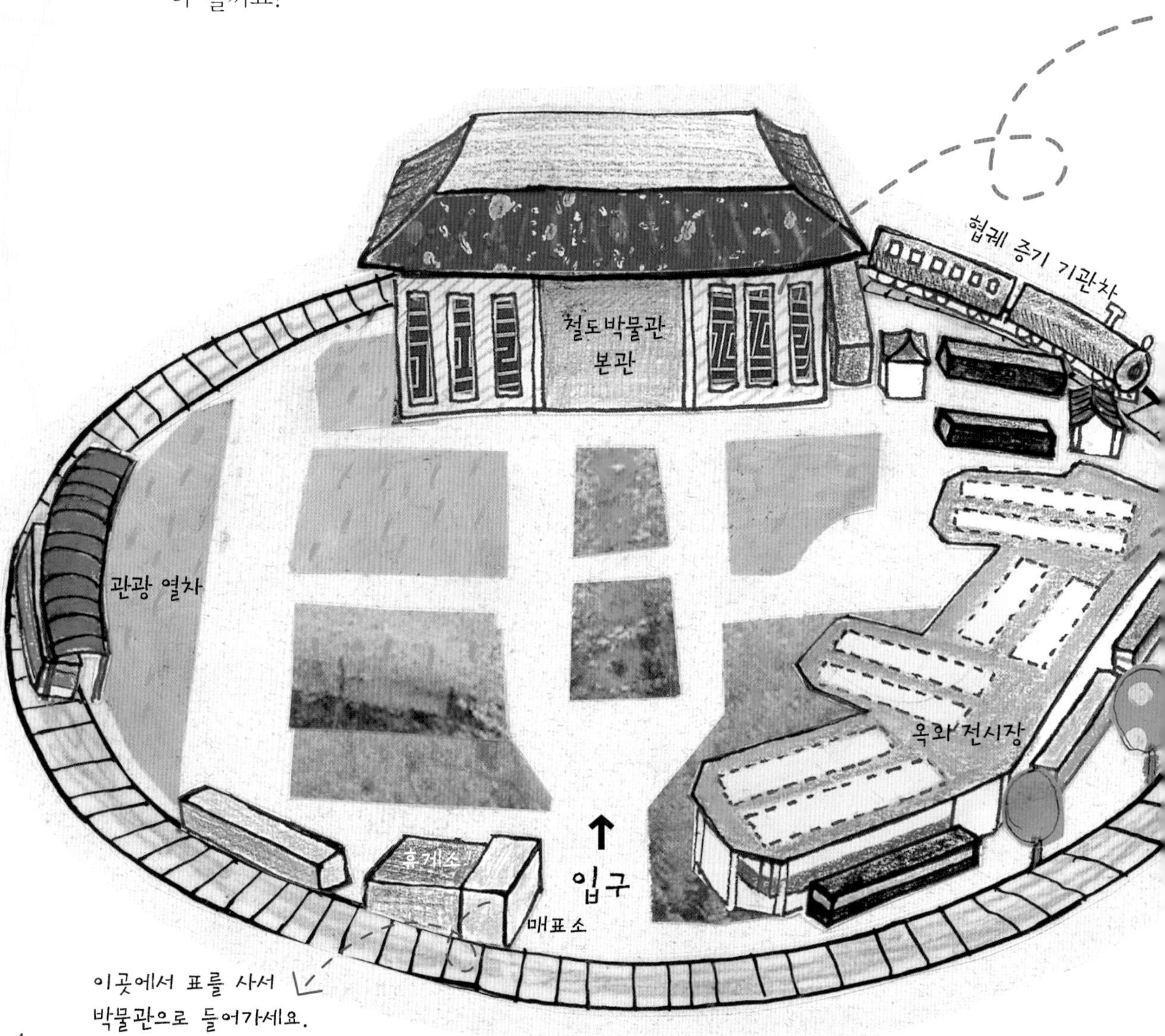

협궤 증기 기관차

철도박물관 본관

관광 열차

옥외 전시장

후게소

↑
입구

매표소

이곳에서 표를 사서
박물관으로 들어가세요.

1층 전시실

우리나라 철도 100년을 상징하는 조형물과 증기 기관차의 모형이 전시된 중앙홀과
우리나라 철도 역사를 시대별로 정리한 역사실이 있어요. 그 밖에 기관차, 객차, 화차 등의
발달 과정을 소개하는 차량실, 열차 운행을 직접 체험해 보는 열차운전체험실,
모형 기차들을 볼 수 있는 철도모형 디오라마실도 있답니다.

2층 전시실

열차의 신호 도구를 전시해 놓은 전기실이랑
철도를 새로 놓거나 파손된 철도를 수리하는 모습을
볼 수 있는 시설실이 있지요. 철도 운행에
꼭 필요한 도구인 검표기, 열차시간표 등을 전시해
놓은 수송서비스실도 보이네요.

내 이름은
치포치포예요.

치포치포는
기차 소리인 칙칙폭폭을
부르기 쉽게 만든
철도공사 마스코트예요.

옥외전시장

옥외 전시장에는 지금은 사라진 증기 기관차, 협궤 객차를
비롯해서 각종 철도 차량 등의 실물과 철도 장비들이
전시되어 있어요. 또 1960년대 운행되었던 디젤 동차로
된 관광 열차를 타 볼 수도 있지요.

우리나라 철도의 모든 것을 체험할 수 있는 철도박물관에 온 걸 환영합니다. 박물관 매표소에서 표를 끊고 들어오면 제일 먼저 옥외 전시장에 있는 기차가 보일 거예요.

철도박물관은 철도에 관한 여러 전시물을 볼 수 있는 실내 전시실과 실제 기차를 볼 수 있는 옥외 전시장으로 나누어져요. 우리는 먼저 옥외 전시장에서 기차들을 살펴볼 거예요.

옥외 전시장에서 제일 먼저 눈에 들어오는 것은 미카 증기 기관차예요. 미카 증기 기관차 앞에는 손을 들고 있는 차장 아저씨 얼굴 모형이 있네요.

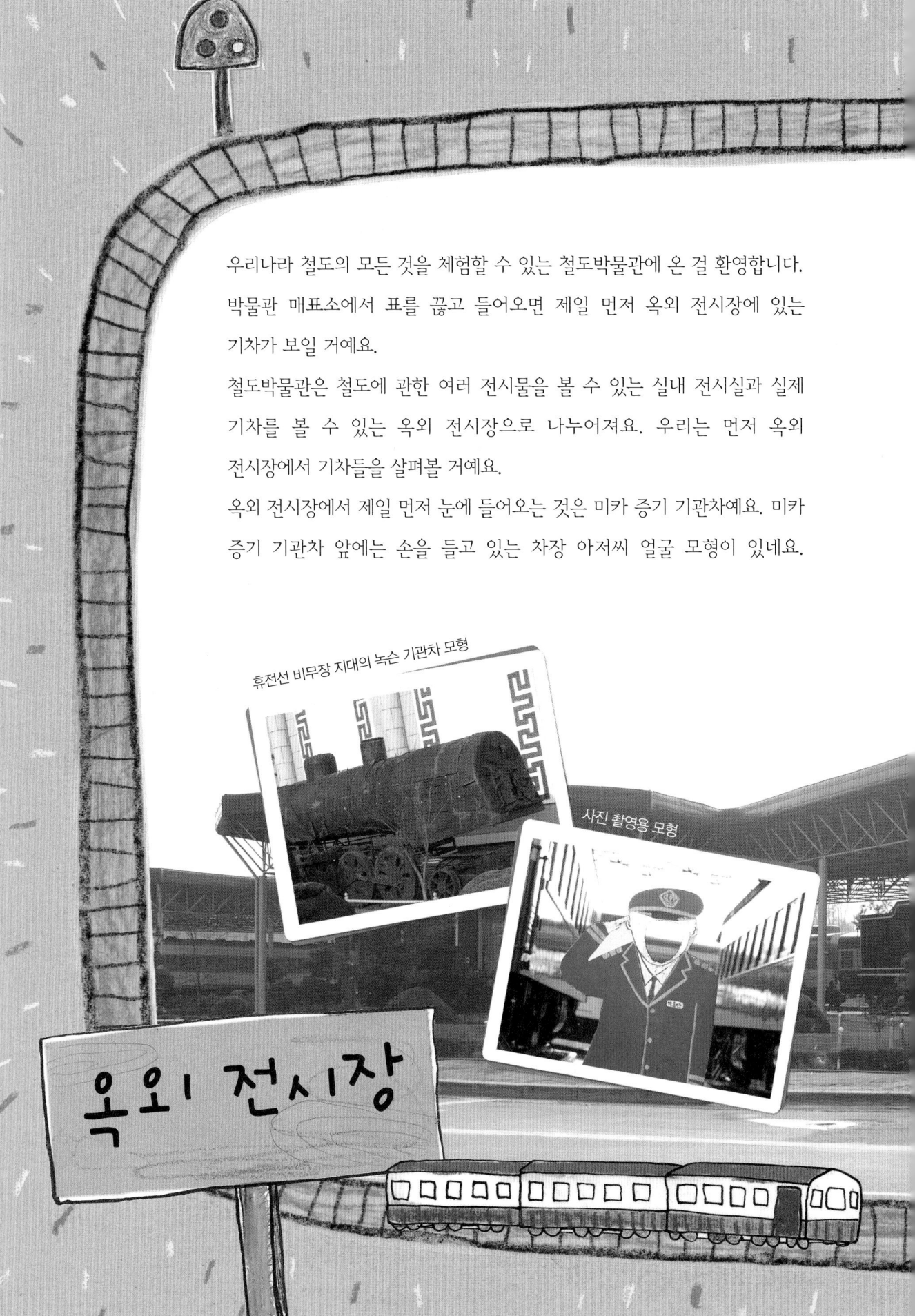

휴전선 비무장 지대의 녹슨 기관차 모형

사진 촬영용 모형

옥외 전시장

철도박물관에 온 기념으로 사진 한 장 찰칵!

그 밖에 실제 운행했던 증기 기관차, 귀빈 객차, 디젤 기관차, 디젤 동차, 협궤 객차, 통일·비둘기호 객차 등과 각종 보선 장비가 전시되어 있어요.

옛날 사람들이 이용했던 기차를 보며 지금의 기차와 비교해 보세요.

무궁화호 차량

비둘기호 객차

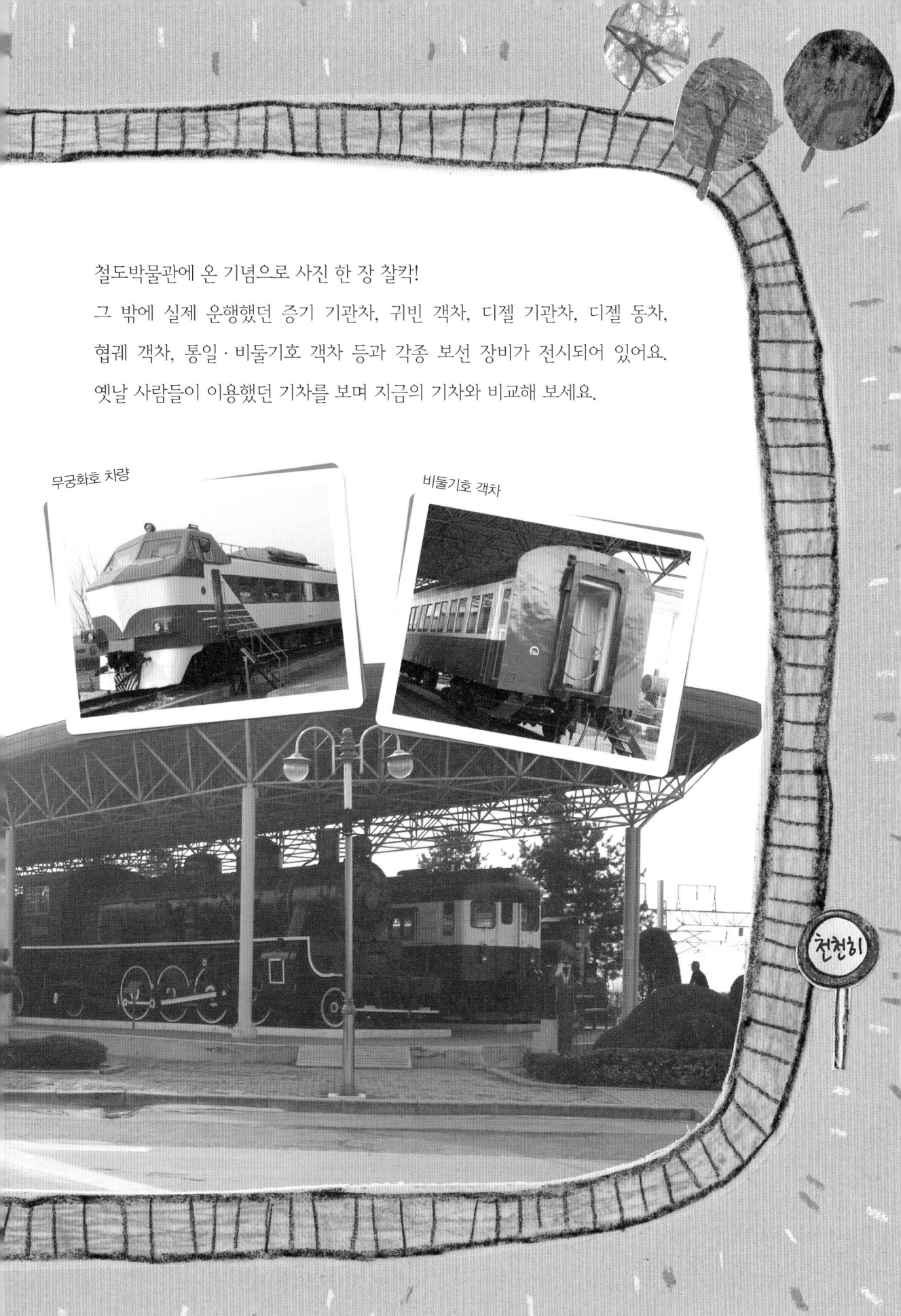

증기 기관차

우리나라에 처음으로 칙칙폭
폭~ 기적 소리를 울리며 달리
던 기차가 바로 증기 기관차예
요. 증기의 힘으로 움직인 기
차여서 증기 기관차라고 한답
니다. 지금은 추억 속의 기차
가 되었지만 옥외 전시장에 있
는 미카형 증기 기관차와 파시
형 증기 기관차를 보며 그 시
절을 상상해 보세요.

▼모갈형 탱크 기관차 모형

우리나라에서 최초로 운행된 증기 기관차 모형이에요. 1899
년 6월에 미국 제품 4량이 수입되어 경인철도회사 인천 공
장에서 조립해 경인선 철도에 사용되었어요. 1층 역사실에
서 모형을 만나 볼 수 있어요.

◀우리나라 증기 기관차, 미카

화물을 나르는 데 사용된 미카는 1919년 미국 제품인 미
가1형과 미가2형 각각 12량을 수입해 경의선에 투입했
어요. 그 후 한국산 갈탄을 사용하기 위해서 미카1
형과 미카2형을 개량했어요. 이렇게 탄생된 미
카3형이 1927년부터 일본 기차 회사인 경
성공장에서 생산해 낸 한국형 증기 기
관차랍니다. 옥외 전시장에 전시
된 '미카3-161'이 바로 한국형
증기 기관차 미카3형이에요.

증기 기관차는
정말 크다!

◀파시형 증기 기관차
1942년 서울에서 제작되어 청량리~부산 간 특급 여객 열차로 운행되었어요. 1971년에 퇴역하고 말았지요.

보일러
석탄을 연료로 해서 물로부터 고압 증기를 만들어 내지요.

급수펌프
수증기의 힘으로 펌프질을 해서 탄수차의 물을 보일러로 보내요.

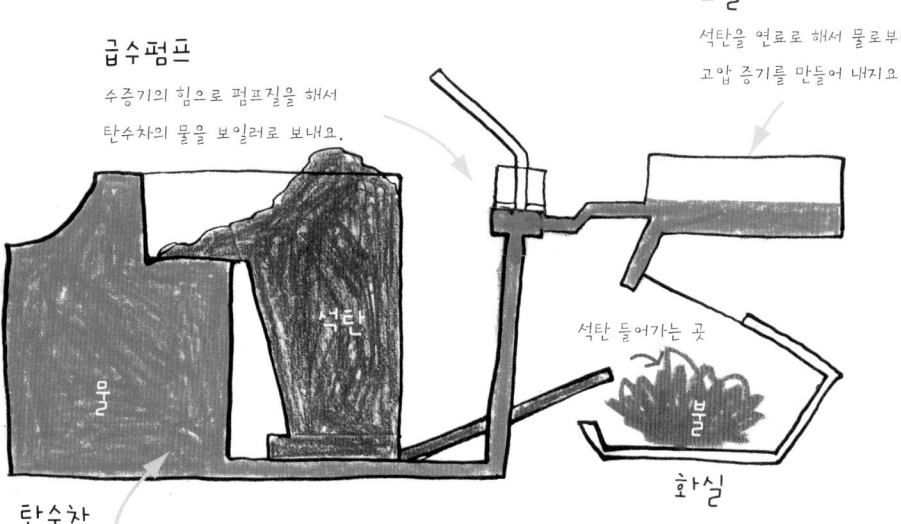

석탄 들어가는 곳

화실

탄수차
석탄과 물을 실은 차량이에요.

▲증기 기관차는 어떻게 움직일까요?
증기 기관차는 기관차, 탄수차, 객차 또는 화차로 이루어져 있어요. 탄수차에 실은 석탄을 화실로 가져다 불을 때면 보일러의 물이 데워져 증기가 발생하지요. 증기 기관차는 증기가 기차의 바퀴를 돌아가게 해서 움직여요.

▲기관차는 무엇인가요?
객차나 화차 등을 끌고 갈 수 있도록 동력 장치를 갖춘 차량을 기관차라고 해요. 증기 기관차, 디젤 기관차, 전기 기관차 등이 있어요.

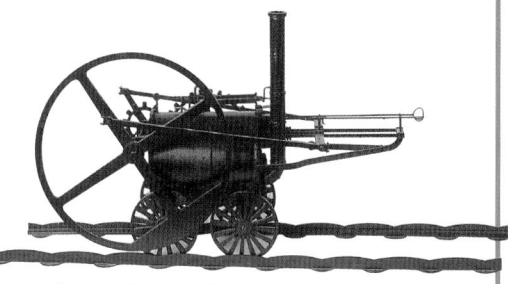

▲패니다렌호 모형
영국의 트레비직이 세계 최초로 만들었던 기차 패니다렌호 모형이에요. 철제 10톤과 사람 70명을 태우고 공개 시험 운전을 했지만 궤도가 파손되어 결국 실패하고 말았어요.

디젤 기관차

증기 기관차
1899~1967년
석탄을 땔감으로 사용하여
물을 끓일 때 나오는
증기의 힘으로 달려요.

디젤 기관차
1951~현재
전기나 경유(석유)를 에너지로 사용해요.

우리나라 기관차의
발달 과정

고속 철도
2004~현재
전기가 초고속 모터를 돌려
빠른 속도로 달려요.

전기 기관차
1972~현재
공해가 없고 전기의 힘으로
움직이는 열차예요.

증기 기관차보다 빠른 디젤 기관차는 한국 전쟁 때 우리나라에 처음 들어와 운행되었어요.

▼우리나라 최초의 디젤 기관차는 언제 사용했나요?
우리나라에서 처음 디젤 기관차가 사용된 것은 한국 전쟁 때예요. 군인과 군사 장비 수송을 위해 한국 전쟁 중인 1951년에 국제 연합군이 디젤 기관차를 처음 운행했지요.
그러다가 1978년 11월에 우리 손으로 국산 디젤 전기 기관차를 생산하게 되었어요.

기관실에 들어가 볼 수도 있어!

야호, 신난다!

▲전기로 움직이는 전동차가 좋은 이유?

연료가 적게 들면서도 가장 빠른 속력을 낼 수 있기 때문이에요. 동력차별로 연료가 가지고 있는 에너지의 효율을 비교해 볼까요? 같은 무게를 같은 거리에 운반할 때 전기 기관차가 100을 소비한다면, 디젤 기관차는 210, 증기 기관차는 600, 디젤 자동차는 730이 든답니다.

전기 기관차는 환경오염도 가장 적어 환경 친화적인 기관차이기도 해요.

전동차는 전동기의 힘으로 레일 위를 달리는 차량을 말해요. 전동기란 모터와 비슷한데, 전기 에너지로부터 회전력을 얻는 기계를 말하는 거예요. 도시 간 가까운 거리 수송에 적합하게 만들어져 주로 지하철에 사용되고 있어요.

환경 친화적인 전동차

▼우리나라 수도권 전동차

우리나라에 최초로 운행되었던 전동차예요. 수도권 전철(지하철)은 1971년 4월 12일 공사를 시작해 1974년 8월 15일 개통되어 기존 철도와 연결했지요.

지하철은 보통 평균 시속 30~35킬로미터랍니다.

전철은 정말 편리한 교통수단이야.

협궤 객차

좁은 선로를 달리던 협궤 동차와 짐을 실어 나르는 화차를 만나 보아요. 대통령이나 귀한 손님들만 탔던 귀빈 객차도 있어요.

여긴 철길이 좁네.

▲협궤 객차
1965년 인천 공작창에서
제작한 협궤 객차는 수원~여주.
수원~인천 간에 배치되어 수원~여주 간은 1972년 3월까지,
수원~인천 간은 1995년 12월까지 운행되었지요.
그런데 협궤가 뭐냐고요? 바로 선로 사이의 간격인 궤간이 국제 표준 궤간인 1.435미터보다 좁은 것을 말해요.

▲핸드카
보선 작업용 기계로 핸들을 상하로 움직이면 앞으로 나가요. 작업 도구와 사람들을 나르는 데 쓰였어요.

▲무개화차, 유개화차
화차는 화물을 실어 나르기 위한 차량으로 비를 맞아도 괜찮은 석탄과 자갈 같은 화물은 무개화차에 싣고, 쌀이나 비료처럼 비를 맞으면 안 되는 화물은 지붕이 있는 유개화차에 싣는답니다.

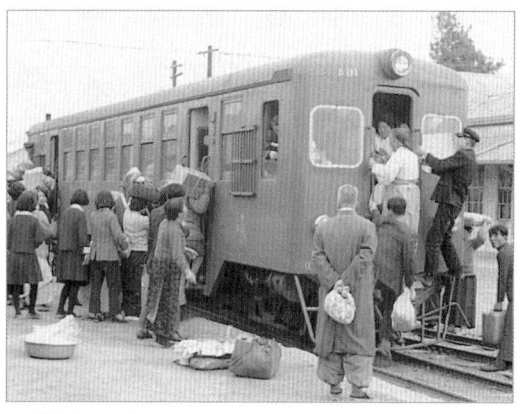

▲협궤 동차
1965년 수원에서 인천 간 협궤 동차의 모습이에요. 많은 사람들로 붐비네요.

짐을 싣는 화차

기품 있는 귀빈 객차

◀ **귀빈 열차**
1899년 경인선 개통 당시에 운행되었던 귀빈 열차의 모습이에요. 중절모를 쓴 남자와 한복을 입은 여인의 모습이 무척 낯설어 보이지요?
신분이 높은 손님들만 탈 수 있었답니다.

◀ **귀빈 객차 침실**
기차 속 침실 같지 않고 내 방 침실 같지요?

▲ **귀빈 객차 실내**
옥외 전시장에 있는 귀빈 객차 실내 모습이에요. 존슨 미국 대통령, 이승만, 박정희 전 대통령이 탔답니다.

▼ **객차**
승객을 태우는 차량을 객차라고 해요. 기관차가 끌어 주지요. 시속 150킬로미터로 달릴 수 있답니다. 차량의 종류로는 용도에 따라 일반차, 방송차, 식당차, 침대차 등으로 구분되고 운행 등급에 따라 새마을호, 무궁화호, 통일호, 비둘기호로 나누어요.
승객들의 문화 수준이 높아짐에 따라서 각종 편의 시설도 점차 고급화되고 있지요.

> 어때?
> 귀빈 객차는 폼 나게 타야 해.

> 쟤 좀 봐!
> 폼 잡네

옥외 전시장에서 다양한 기차를 만나 보았지요? 지금부터는 기차의 역사와 여러 가지 차량들을 알아보는 1층 전시실을 돌아볼 거예요. 철도박물관 실내로 들어서면 가장 먼저 눈에 띄는 것이 중앙홀에 있는 다양한 전시물이에요. 100주년 기념 조형물과 증기 기관차, 고속 철도 사진 등을 죽 둘러보며 우리나라 철도 역사의 중요한 사건을 파악하고 역사실로 출발하면 좋아요.

1층 전시실에는 철도 역사의 흐름을 보여 주는 역사실과 기관차, 객차 등 차량의 발달을 보여 주는 차량실, 열차를 직접 운전해 볼 수 있는 열차운전체험실과 철도모형 디오라마실이 있어요. 재미있는 체험학습이 되겠지요? 그럼 출발!

1층 전시실

역사실

열차운전체험실

100주년 기념 조형물

중앙홀에 들어서자마자 눈을 들어 천장을 보면 신기한 모양의 물건을 볼 수 있어요. 바로 한국 철도 100주년을 기념하기 위해 만든 상징물이랍니다. 가운데에 있는 공과 동그란 판은 지구를 상징하고, 띠는 21세기 지구를 하나로 연결하는 철도를 표현한 거예요. 자세히 살펴보면 철로를 달리는 모형 기차들이 보여요. 철도 위를 달리는 증기 기관차, 디젤 동차, 고속 철도는 한국 철도의 과거, 현재, 미래를 나타낸답니다.

차량실

철도모형 디오라마실

천천히

우리 땅 최초의 철도, 경인선

역사실

중앙홀을 지나 역사실 입구로 들어서면 우리나라 주요 철도 노선 개통일이 보여요. 그럼 우리나라에 최초로 놓인 철도는 무엇일까요? 철도가 어떻게 생겼는지도 모른다고요? 우리나라 철도 역사에 대해 알아보기 전에 철도의 탄생에 대해 살펴보아요.

철도의 시작은 마차에서 출발했어요. 옛날에는 짐을 실어 운반하거나 여행을 하기 위해 마차를 이용했어요. 그런데 마차는 비나 눈이 오면 바퀴가 흙에 빠져 불편했지요. 그래서 길에 나무판을 깔고 그 위를 달리다가 나무판 대신 쇠로 만든 철길을 만들고 그 위를 말이 끄는 마차가 달렸어요. 그 후 말 대신 조지 스티븐슨이 만든 증기 기관차가 끌게 되었지요. 이게 바로 세계 최초의 기차랍니다.

그럼 우리나라에 철도가 처음

마차
서양에서 철도가 들어서기 이전에 사람이나 화물, 우편 등을 운반하던 마차예요.

조지 스티븐슨
영국의 발명가로 세계 최초로 증기 기관차를 만들어 리버풀과 맨체스터 간 철도를 운행했어요.

로코모션 증기 기관차 모형
조지 스티븐슨이 만든 철도의 모형이에요.

경인선 건설 현장 속으로!

우리 땅에 처음으로 철도가 들어온 1899년, 사람들은 충격과 호기심으로 낯선 철도를 바라보았지요. 타임머신을 타고 그 시절로 떠나 볼까요?

경인선 개통 당시의 통표
경인선(京仁線)이라는 한자가 보이네요. 통표란 기차끼리 충돌하는 일이 없도록 역장이 기관사에게 통행을 허락하는 표예요.

경인선 기공식
고종 34년(1897년) 3월 미국인 제임스 모스가 인천 우각현에서 경인철도 기공식을 열었어요.

들어온 때는 언제일까요? 우리나라 최초의 철도인 경인선은 대한 제국 때 탄생했어요. 당시 우리는 아주 어려운 처지였어요. 일본에게 나라를 빼앗기기 직전이었거든요. 대한 제국 정부는 돈이 없어 나라 살림도 제대로 하지 못했고, 청(중국)나라에 의지하여 겨우 일본의 침략을 막아 내고 있었지요. 그러자 일본은 우리나라에서 청의 세력을 몰아내려고 청일 전쟁을 일으켰어요. 일본은 전쟁을 일으키자마자 군대와 군수 물자를 손쉽게 나르기 위해 우리 땅에 철도를 놓아야겠다고 생각했어요.

일본이 세력을 키워 청과의 전쟁에서도 승리하자 서양의 강대국들은 일본을 막아야겠다고 생각했어요. 1895년 5월, 더 이상 일본의 힘이 강해지는 것을 두고 볼 수 없었던 미국, 영국, 독일, 러시아는 일본이 조선의 철도 및 주요 이권을 독차지하는 것은 부당하다고 한목소리로 반대했어요.

우리나라 최초의 기차
1899년 9월 18일 경인선 개통과 함께 등장한 모갈형 증기 기관차의 모습이에요. 모갈은 '거물'이란 뜻이에요.

청일 전쟁
1894년에 조선의 동학 농민 운동을 진압하기 위해 군대를 동원하는 문제로 일어난 청나라와 일본의 전쟁이에요.

이권
이익을 얻을 수 있는 권리를 말해요.

경인철도 개통식 모습
1899년 9월 18일 제물포~노량진 간 경인철도 개통식 현장이에요. 당시 우리나라에 기차라고는 증기 기관차 4대, 객차 6대, 화차 28대가 전부였답니다.

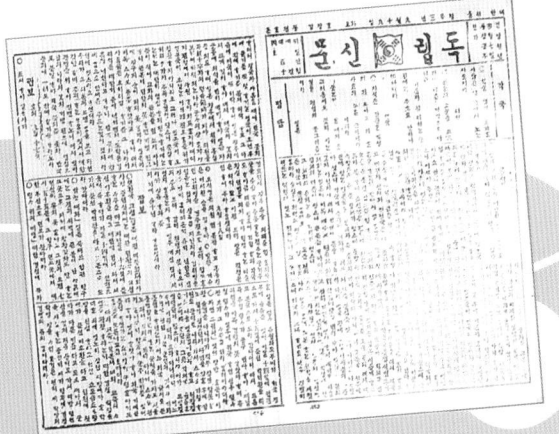

독립신문의 경인철도 개통식 기사
경인선 개통 당시 독립신문에 실린 기사를 보면 철도가 얼마나 충격적인 사건이었는지 짐작할 수 있어요.
"화륜거 구르는 소리는 우뢰와 같아 천지가 진동하고 기관거의 굴뚝 연기는 반공에 솟아오르더라…… 수레 속에 앉아 영창으로 내다 보니 산천초목이 모두 활동하여 닿는 것 같고 나는 새도 따르지 못하더라……."

경인선 철도 부설 조약문
대한 제국 정부에서 미국인 제임스 모스에게 경인철도 부설 특허권을 양도한 조약문이에요.

경인철도회사 광고문
개통 당시 기차 운임이 비싸 승객이 없자 광고문을 냈어요. 속도가 빨라 시간을 절약할 수 있고, 기차에 대소변을 볼 수 있는 별방이 있다고 쓰여 있네요.

결국 강대국의 영향으로 일본의 힘은 조금 약해졌지요. 이후 일본에 주려 했던 경인선 **철도 부설권**은 1896년 3월 29일 미국인 제임스 모스가 가졌어요. 이렇듯 우리나라 최초의 철도는 우리의 의지와는 상관없이 강대국들의 힘 겨루기 속에서 탄생했답니다.

일본에 의해 완성된 우리나라 철도

1897년 3월 22일, 모스는 경인선의 **기공식**을 거행했어요. 하지만 경인선을 건설하는 데 돈이 부족하자, 절반쯤 지은 상태에서 우리나라의 허락도 없이 일본 정부와 자본가가 만든 경인철도인수조합이라는 곳에 부설권을 팔아 버리고 말아요. 이미 철도 부설 공사를 시작한 경인선은 일본에 의해 1899년 4월 23일 또 한 번 기공식을 치르는 웃지 못할 일도 있었답니다. 우여곡절 끝에 경인선 부설권을 인수한 일본은 공사를 계속해 1899년 9월 18일 인천 제물포에서 노량진 간 철도 공사를 마치고 운행을 시작했어요. 총 길이 33.2킬로미터의 철도가 우리 땅에 처음으로 놓인 깃이에요. 그 후 1900년 6월에 한강 철교를 완성하고, 7월에는 노량진~서울(당시는 서대문역) 간 선로를 준공해 서울~인천 간 직통 운전을 시작했어요.

경인선 제물포역에서 서울행 열차에 승차하는 승객들의 모습이에요.

여기서
잠깐!

우리나라의 주요 철도 노선 개통일을 알아볼까요?

우리나라 최초의 철도인 경인선을 비롯하여 경부선, 경의선, 호남선
등의 철도를 개통한 날을 살펴볼까요? 놓인 순서대로 정리해 보세요.

(   ) → (   ) → (   )
(   ) → (   ) → (   )

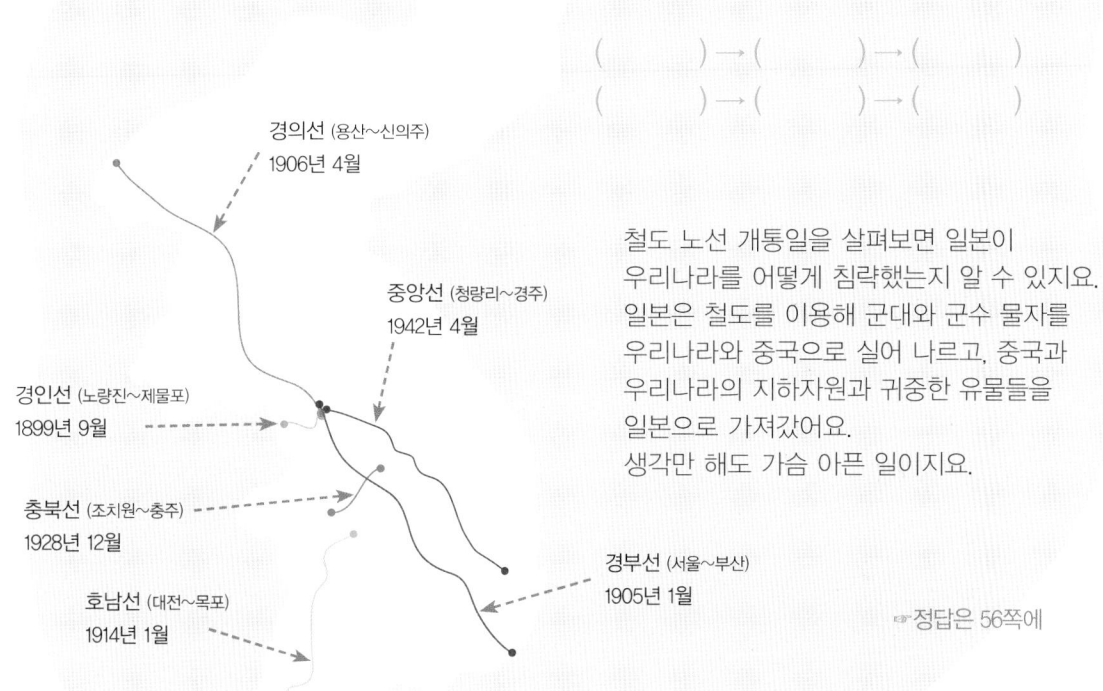

경의선 (용산~신의주)
1906년 4월

중앙선 (청량리~경주)
1942년 4월

경인선 (노량진~제물포)
1899년 9월

충북선 (조치원~충주)
1928년 12월

호남선 (대전~목포)
1914년 1월

경부선 (서울~부산)
1905년 1월

철도 노선 개통일을 살펴보면 일본이
우리나라를 어떻게 침략했는지 알 수 있지요.
일본은 철도를 이용해 군대와 군수 물자를
우리나라와 중국으로 실어 나르고, 중국과
우리나라의 지하자원과 귀중한 유물들을
일본으로 가져갔어요.
생각만 해도 가슴 아픈 일이지요.

☞ 정답은 56쪽에

기적 소리를 들어 보세요.

1층 역사실 입구에 들어서면
한쪽 벽면에 설치된 기차 모형
(오른쪽 사진)이 눈에 띌 거예요.
칙칙폭폭~ 금방이라도 기차가
달려 나올 것만 같지요?
바로 '미카 3-129호' 증기 기관차예요.
처음 철도 위를 달렸을 때의 기적 소리를
들어 볼 수 있어요. 소리를 직접 들어 보고
어떻게 들렸는지 써 보세요.

앗!
깜짝이야

통일의 염원을 담은 길, 경의선

1층 역사실 입구에 들어서면 '경의선, 동해선 연결 공사 추진 현황'이라는 안내판이 보여요. 왜 경의선에 대한 소개가 제일 먼저 나오는 것일까요? 그건 경의선 공사가 우리 철도 역사에서 매우 중요한 사건이기 때문이랍니다. 경의선은 서울과 북한의 신의주, 중국, 유럽을 이어 우리나라와 전 세계를 하나로 묶는 실크 로드의 역할을 할 것으로 기대하고 있어요. '실크 로드'란 중앙아시아를 횡단하는 고대의 동서 교통로를 말해요. 이 길로 고대 중국의 비단이 서쪽의 유럽으로 운반되었기 때문에 실크 로드(비단길)라는 이름이 붙여졌지요. 그럼 철의 실크 로드가 될 경의선에는 어떤 이야기가 얽혀 있을까요?

1945년 9월 11일은 서울에서 신의주 간 경의선 운행이 마지막으로 있었던 날이에요. 1945년 일본에게서 우리나라의 권리를 되찾자마자 일어난 한국 전쟁으로 우리나라가 남북으로 분단되었기 때문이지요. 그 후 경의선은 '달리지 못하는 철마'가 되어 우리 역사의 상처로 남아 있어요.

그러나 끊어진 지 55년 만인 2002년 9월 18일, 경의선을 연결하는 공사를 시작해 남한 문산역에서 북한 개성역까지 이어지는 경의선 연결 구간은 곧 완성될 거예요.

이제까지 우리나라 분단의 상징이었지만 앞으로는 통일의 상징이 될 거랍니다. 휴

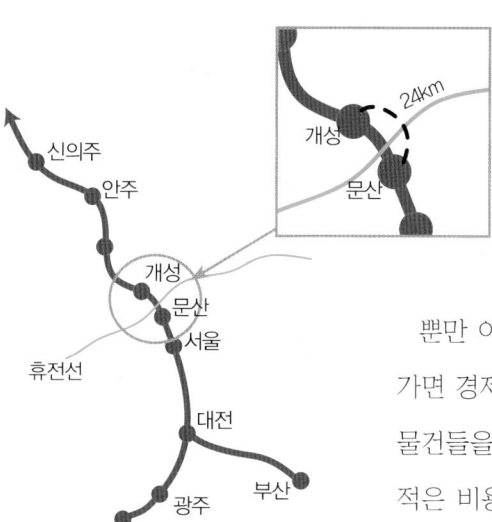

전선 철조망을 걷어 내고 달리는 기차의 모습을 상상해 보세요. 기차를 타고 개성으로 체험 학습을 가게 될지도 모르는 일이지요. 기대되지 않나요?

뿐만 아니라 남북한의 상품들이 철도를 통해 서로 오고 가면 경제도 발전할 수 있어요. 우리나라나 북한에서 만든 물건들을 바다나 하늘길 대신 육로로 중국에 보내면 훨씬 적은 비용이 들거든요. 우리나라가 동북아시아의 무역 중심지로 발돋움할 가능성이 활짝 열리는 것이랍니다.

이처럼 경의선 연결 공사는 우리나라가 세계의 중심에 서는 데 든든한 발판이 될 거예요. 원래 모습의 경의선을 찾기까지는 60년이라는 긴 세월이 필요했어요. 하지만 통일은 이보다 짧은 시일 내에 이룰 수 있도록, 우리 모두 통일에 대해 더욱 관심을 가져야겠어요.

1903년 일본이 우리나라에 경의선을 설치하고 있는 모습이에요.

임시로 복원된 철도 위에서 '염원의 기차'가 북한 땅을 향해 기적을 울리고 있어요.

파란만장한 철도 시대

경인철도에 관한 전시물을 지나 역사실 안쪽으로 들어오면 본격적인 철도 역사에 대해 나와요. 우리나라는 삼 면이 바다이고 한 면이 대륙과 이어진 반도 국가예요. 이러한 지리적 조건 때문에 많은 나라들에게 침략당했지요. 그중에서도 일본의 침략은 끈질겼어요. 경인, 경부선 부설권을 손에 넣은 일본은 러시아와의 전쟁을 앞두고 군대와 군수 물자를 나르기 위해 **경의선**을 건설했어요. 그리고 1910년, 우리나라의 주권을 빼앗은 후부터는 본격적으로 우리 땅에 철도를 놓았답니다. 이때 놓은 경원선, 호남선, 함경선 역시 군용 철도였지요. 일본은 일제 강점기 36년간 우리나라를 지배하면서 철도를 이용해 우리 것을 마음대로 빼앗아 갔어요.

경의선
서울과 신의주를 잇는 철도로 1906년에 개통했지요. 남북으로 나뉜 지금은 서울~도라산까지만 운행하고 있어요.

경원선 철도 사진첩
1914년 8월에 만든 것으로 용산~원산 간 철도 건설 공사 장면이 기록되어 있어요.

한국 전쟁으로 상처입은 철도

1945년 8월 15일 우리나라는 해방을 맞이했어요. 그러나 일본의 수탈과 억압에서 벗어난 기쁨을 누리기도 전에 우리나라는 두 조각이 나는 운명에 처했어요. 남한에는 미국이, 북한에는 소련이 들어와서

여기서 잠깐!

이 사람은 누구일까요?

역사실에서는 철도와 관련된 사람들을 만나볼 수 있어요. 다음 글과 사진을 보고 알아맞혀 보세요.

'……전쟁이 터진 후 미군은 북한군에 포로로 잡힌 딘 소장을 구출하기 위해 특공대를 대전에 보내기로 했다. 이때 한 기관사가 스스로 나섰는데 북한군과 벌어진 총격전 와중에 총탄을 맞고 쓰러져 죽고 말았다. 한동안 묻혀 있었던 이 기관사의 업적은 이후 세상에 알려졌고, 기관사의 유해는 국립 묘지에 안장되었다…….'

정답은 56쪽에

우리나라를 간섭하기 시작했어요. 그 후 1948년에 대한민국 정부가 수립되고, 1949년 남한은 **동서횡단철도망**을 설치하는 데 힘을 쏟았어요. 흔히 '산업 철도'라고 불리던 태백산맥 횡단 철도가 바로 이것이지요. 중요한 지하자원이 대부분 북한에서 났기 때문에 분단 후 남한은 전기, 석탄 등의 자원이 부족했어요. 남한은 동쪽 산간 지역에 있는 자원을 활용하기 위해 어려움을 무릅쓰고 산업 철도 건설을 시작하지요. 그런데 산업 철도 건설이 한창이던 바로 그때 한국 전쟁이 터졌어요. 전쟁으로 인해 우리나라 철도는 만신창이가 되고 말았답니다. 산업 철도는 물론이고 다른 철도 시설들도 모두 파괴되어 형체를 알아보기 힘들 정도였지요. 하지만 전쟁 중에도 철도는 피난민 200만 명을 실어 나르며 충실하게 임무를 다했답니다.

1950년 9월 한국 전쟁으로 파괴된 서울역의 모습

동서횡단철도망
서울과 강원도 산악 지역을 연결한 철도망이에요. 주로 석탄과 목재를 실어 나르는 화물 기차가 많았어요.

휴전선 비무장 지대 장단역에 있는 녹슨 기관차의 잔해

장단역의 녹슨 기관차
경의선 비무장 지대에 남아 있는 전쟁의 상처예요. 박물관에서도 모형을 볼 수 있답니다.

산업 발전을 앞당긴 철도

역사실

한국 전쟁 후 우리나라 철도는 어떻게 되었을까요? 전쟁이 끝나고 만신창이가 된 철도를 그냥 놔둘 수는 없었어요.

자동차가 귀했던 당시에는 철도가 중요한 교통수단이었기 때문에 전쟁의 피해 속에서도 철도 건설은 빠르게 진행됐어요. 그 결과 많은 철도가 개통되었지요. 1960년 대에 들어서자 경제를 발전시키자는 계획에 따라 철도는 경제 발전의 핵심으로 떠올랐어요. 무엇보다도 전력과 석탄 등의 자원을 확보하는 게 시급했어요. 이러한 노력 속에 화물 기차는 수많은 지하자원과 수출품들을 전국으로 실어 나르는 등 경제 성장을 이룩하는 데 큰 역할을 했어요.

화물을 실어 나르는 열차의 모습이에요.

고속 철도의 시대가 열리다

21세기 정보화 시대에 발맞춰 철도는 빠르게 변화했어요. 철도가 놓인 지 100년 만인 2004년에 우리나라는 프랑스, 일본, 독일, 스페인과 함께 시속 300킬로미터의 고속 철도 시대에 들어섰어요. 2004년 선보인 우리나라의 고속 철도 KTX는 공기 저항을 줄이고 속도를 높이기 위해 고속 철도 차량의 앞뒤 머리 부분을 상어 모양으로 만들었어요. 여기에 한국적인 특징인 부드러운 곡선을 살려 유연함을 더했답니다.

이런 외형뿐만 아니라 KTX가 주목받는 이유는 우리의 생활을 바꿔 놓았기 때문이에요. **일일생활권**이 가능해지면서 시간의 여유가 많이 생겼어요. 또 서울뿐만 아니라 다른 지역의 균형잡힌 발전도 기대하고 있지요. 하지만 좋은 점만 있는 것은 아니에요. 무엇보다 심각한

일일생활권
하루 동안 볼일을 끝내고 되돌아올 수 있는 거리 안에 있는 범위를 말해요.

것은 고속 철도를 건설하면서 터널을 많이 뚫어 자연 생태계가 파괴될 수도 있다는 거예요. 우리의 삶을 편리하게 해 준 고속 철도 건설과 함께 자연을 지키는 방법도 찾아야겠어요.

지금까지 철도 역사에 대해 알아보았어요. 철도가 우리나라 역사의 중심에서 경제 발전에 중요한 역할을 해 왔음을 알 수 있었지요. 최근엔 자동차의 발달로 역할이 줄었지만 앞으로 철도가 어떻게 변할지 기대해 봐요.

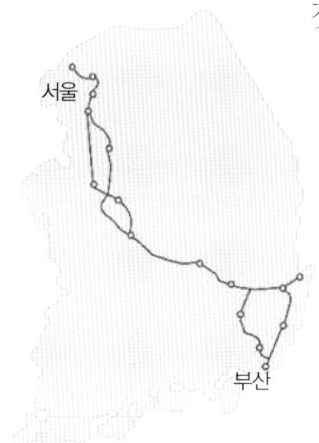

KTX 경부선 노선
서울에서 부산까지 KTX를 타면 2시간 40분 만에 도착해요.

조용한 고속 철도

고속 철도에는 이음매가 없는 '장대레일'을 사용하고 있어요. 장대레일이란 25미터의 표준 레일 12개를 용접해서 만든 300미터 길이의 레일을 말해요. 레일은 현장으로 운반해서 다시 용접해서 설치하지요. 고속 철도 레일은 서울에서 부산까지 하나로 쭉 이어진 연속 레일인 셈이에요. 따라서 시속 300킬로미터나 되는 엄청난 속도로 달려도 덜컹거리는 소음과 진동이 적답니다.

2004년 개통한 우리나라 고속 철도 KTX
상어를 본 따 만든 머리 모양이 매우 날렵해 보여요.

철도 차량의 발달을 한눈에

차량실

철도 차량
기차는 보통 기관차, 객차, 화차 등 철도의 모든 차량을 말하고, 열차는 기관차에 객차나 화차 등이 연결되어 일정 구간을 운행하는 편성이에요.

객차
지금과는 달리 1940년 대까지는 신분에 따라 귀빈 객차와 일반 객차로 구분되어 있었어요. 한국 전쟁 이후에는 여객을 수송하기 위해 화차를 개조해서 객차를 만들기도 했답니다.

역사실을 지나면 철도의 다양한 차량을 볼 수 있는 차량실이 나와요. 그런데 차량이 뭔지 모르겠다고요? 차량은 도로나 선로 위를 달리는 모든 차를 통틀어 일컫는 말이에요. 여기에서는 선로 위를 달리는 **철도 차량**에 대해 알아볼 거예요. 차량실에는 사람을 태우는 **객차**와 화물을 실어 나르는 화차가 시대에 따라 어떻게 변했는지 알 수 있어요. 뿐만 아니라 객차나 화차 등을 앞에서 끌거나 뒤에서 밀어 주는 동력을 가진 **기관차**의 발달 과정도 시대에 따라 어떻게 변했는지 한눈에 살펴볼 수 있답니다.

옥외 전시장에서 증기 기관차와 디젤 기관차의 모습을 기억하지요?

증기 기관차도 우리처럼 이름이 있대요
증기 기관차 앞에는 아래 사진과 같은 명판이 달려 있어요. 우리가 명찰을 다는 것처럼 기차도 명판을 달아요. 그런데 이름에는 재미있는 뜻이 담겨 있답니다. 우리나라 증기 기관차의 이름인 모갈은 몽골족의 사람 또는 그 자손이란 어원에서 비롯되어 '거물'이란 뜻으로, 처음 증기 기관차를 본 사람들의 마음을 나타내지요. 미카는 '황제', 파시는 '태평양(평화)'이라는 뜻이에요.

철도 차량에 필요한 다양한 부품과 도구들이 전시되어 있어요.

역사실을 지나면 차량실이 나와요.

우리나라 최초의 철도인 경인 철도는 개통 당시 증기 기관차 4량, 객차 6량, 화차 28량으로 운행을 시작했답니다. 지금과 비교하면 엄청나게 적은 차량이에요.

이후에 여러 종류의 기관차들을 외국에서 들여왔어요. 그러다가 우리 나름대로 설계를 다시 하고 변경하여 최초의 한국형 증기 기관차를 사용한 것은 1920년 대 후반이에요. 그 후 기관차는 디젤 기관차, 전기 기관차, 전기 동차로 발달했어요.

기차는 왜 선로에서 떨어지지 않을까요?

얇은 쇠로 된 철길 위를 빠르게 달리는데도 기차는 왜 떨어지지 않을까요? 그 비밀은 바로 바퀴에 있어요. 기차 바퀴를 자세히 보면 안쪽에 둥근 판이 있지요. 이 원판을 플랜지라고 해요. 플랜지는 바퀴보다 약간 커서 선로에 딱 걸리게 되어 있지요. 그래서 기차는 선로의 어느 쪽으로도 밀려나거나 미끄러져 떨어지지 않는 것이랍니다.

플랜지가 있는 바퀴

여기서
잠깐!

나도 열차 기관사!

역사실과 차량실을 지나면 열차운전체험실이 보여요.
자, 그럼 체험실로 들어가 볼까요.
체험실에서는 누구나 기관사가 될 수 있어요. 운전석에 앉아 속도를 높이고 앞에 펼쳐지는 화면을 바라보세요.
속도가 느껴지나요? 속도 조절 레버를 내려 속도를 낮추어 보세요. 서서히 기차가 멈추는 것을 느낄 수 있을 거예요. 진짜 열차를 운전하는 느낌이 어떤가요?
함께 간 친구들과 직접 운전해 보고 느낌을 서로 말해 보세요.

진짜 움직이네!

교통수단은 어떻게 발달했을까요?

우리나라는 예부터 산이 많아서 길을 내기가 힘들었어요. 하지만 곧 철도를 놓고 고속도로를 내면서 좁은 길은 넓은 도로가 되었지요. 그렇다면 우리나라 교통수단은 어떻게 발달했을까요? 교통수단은 땅과 하늘, 바다 길에 따라 발달 과정이 달라요. 땅은 또 도로와 철길로 나누어져요.

우리나라는 1970년 대에 고속도로가 건설되면서 어디를 가든지 하루 동안에 볼일을 보고 되돌아올 수 있게 되었어요. 2004년에는 고속 철도(KTX)를 운행하게 되면서 주요 도심이 2시간 대로 연결되었기 때문에 생활 공간이 더욱 넓어졌어요. 예전에는 상상도 할 수 없었던 거리를 하루 만에 이동하면서 물건을 운반하거나 사고팔기가 쉬워져 그만큼 빠른 경제 발전을 가져왔지요. 여러 지역이 하나로 연결되어 지역도 골고루 발전했고요. 초고속 교통수단으로 우리의 생활은 더욱 편리해지고 활동 범위가 넓어진 거예요. 이렇듯 교통의 발달은 사회와 경제가 발전하는 데 중요한 역할을 해 왔어요.

도로 교통수단의 발달

땅 위를 달리는 최초의 교통수단은 사람의 두 발이에요. 그 후 가마가 등장했고, 인력거를 타고 움직이게 되었지요. 자동차는 1903년에 고종 황제가 처음 탔어요. 휘발유로 움직이는 가솔린 자동차였지요. 요즘은 전기를 연료로 한 전기 자동차로 환경오염을 줄여요. 최근엔 하이브리드차라고 해서 속도가 낮을 때는 전기로, 높을 때는 휘발유로 가는 자동차가 늘어났어요.

하늘 교통수단의 발달

하늘의 교통수단하면 비행기가 떠오르지요. 하지만 최초의 비행 수단은 비행기가 아니라 기구였어요. 기구는 공기를 가열하거나 수소나 헬륨 등의 가스를 이용하여 하늘을 날 수 있게 만들었어요. 하지만 속도가 매우 느려 라이트 형제가 1908년 하늘을 나는 비행기를 발명했답니다. 현재는 제트 엔진을 이용하여 안전하고 빠른 점보기가 하늘을 지배하고 있어요. 앞으로는 관광용 우주선이 개발되어 우주를 여행할 수 있을지도 몰라요.

하지만 교통의 발달이 꼭 좋은 것만은 아니에요. 자동차와 같은 대부분의 교통수단들은 석유를 원료로 하기 때문에 환경을 오염시켜요. 또한 옛날보다 심각한 인명 피해를 주는 사고도 많아졌어요. 또 최근에는 고속 철도의 건설로 인한 터널 공사가 주변 생태계를 무너뜨린다는 의견도 있어요. 이러한 문제는 생각보다 심각해서 최근에는 환경오염을 일으키지 않는 전기나 태양열로 움직이는 새로운 교통수단을 발달시키는 데 힘을 쏟고 있답니다. 그렇다면 미래에는 어떤 교통수단이 나타날까요? 한번 생각해 보고 53쪽에 표현해 보세요.

우리나라 철도 교통의 발달

우리나라 철도 교통의 발달은 잘 알고 있을 거예요. 증기의 힘으로 움직인 증기 기관차부터 경유로 움직인 디젤 기관차, 전기로 움직인 전철로 발달했어요. 2004년에는 고속 철도가 개통해 초고속 시대에 들어섰어요.

바다 교통수단의 발달

최초의 배는 뗏목이었어요. 그 후 바람의 힘을 이용하여 움직인 돛단배, 석탄으로 물을 끓여서 나오는 증기의 힘으로 움직이는 기선으로 발달했어요. 앞으로는 바다와 육지로 모두 다닐 수 있는 배가 등장할 거예요.

우리나라 철도의 하루

디오라마실

역사실에서 우리나라 철도의 역사를 잘 살펴보았지요? 이제 중앙홀 쪽으로 조금만 이동하면 철도모형 디오라마실이 보일 거예요. 철도모형 디오라마실에는 서울역에서 운행하는 열차의 모형이 움직이는 모습을 볼 수 있어요. 실물 크기의 87분의 1로 축소 제작된 증기 기관차와 새마을호, 무궁화호 등의 열차와 2004년에 개통한 KTX 모형까지 갖춰 놓았답니다.

디오라마실에서는 분주한 도심과 한가로운 농촌의 모습도 함께 볼

관람 시간

평일
11:30, 14:00

주말과 공휴일
3월 ~ 10월: 11:30, 13:30, 15:30, 17:00
11월 ~ 2월: 11:30, 13:30, 15:30

수도권 전동차
수도권 전동차는 1974년 8월 15일 탄생했어요. 현재 버스와 함께 사람들에게 가장 친숙한 교통수단이지요.

증기 기관차
석탄을 때면 물탱크의 물이 뜨거워져요. 이때 생기는 증기로 동력을 만들어 움직이지요. 현재 대부분의 나라에서는 관광 열차로 사용하고 있어요.

수 있어요. 모형 열차들은 다양한 풍경 속을 쉬지 않고 달려요. 빌딩도 지나고 드넓게 펼쳐진 논밭도 지나요. 무엇보다 밤이 되어 야간에 운행하는 모형 열차의 모습은 정말 멋있어요. 터널을 통과하는 모습도 볼 수 있고 실제 기차 소리를 들을 수도 있답니다. 또한 새마을호, 무궁화호, 고속 철도의 속도의 차이를 직접 확인할 수 있어 신기하답니다. 주의 깊게 관찰하면 어느 기차가 제일 빠른지 한눈에 알 수 있지요.

철도모형 디오라마실 내부 모습

디젤 기관차
디젤 엔진을 동력으로 하는 기관차예요. 1951년 한국 전쟁 때 군인과 군사 장비를 수송하기 위해 우리나라에 처음 들어왔어요.

고속 철도 KTX
2004년 4월에 개통된 고속 철도예요. 시속 300킬로미터의 초고속으로 달리지요.

무궁화호 객차
우리나라 국화인 무궁화의 이름을 딴 무궁화호는 1984년 종전의 우등 열차를 무궁화호로 변경했어요.

새마을호
1974년 8월부터 종전의 관광호를 새마을호로 변경하였어요. 무궁화호와 비교해 시설이 좋고 속도도 빠르답니다.

2층 전시실은 철도를 움직이는 여러 가지 도구와 미래 철도를 소개해요. 제일 먼저 살펴볼 전기실은 철도의 신호기가 어떻게 발달했는지, 통신 시설에는 무엇이 있었는지 보여 준답니다. 시설실에서는 선로 보선 작업이 시대에 따라 어떻게 변했는지 알아보아요. 기차를 운행하고 승객과 화물을 실어나르는 데 필요한 도구들이 전시되어 있는 수송서비스실도 있지요. 우리나라 철도 100년 사를 정리해 보고 철도가 나아가야 할 방향에 대해 알려 주는 영상실도 놓치지 마세요.

2층 전시실

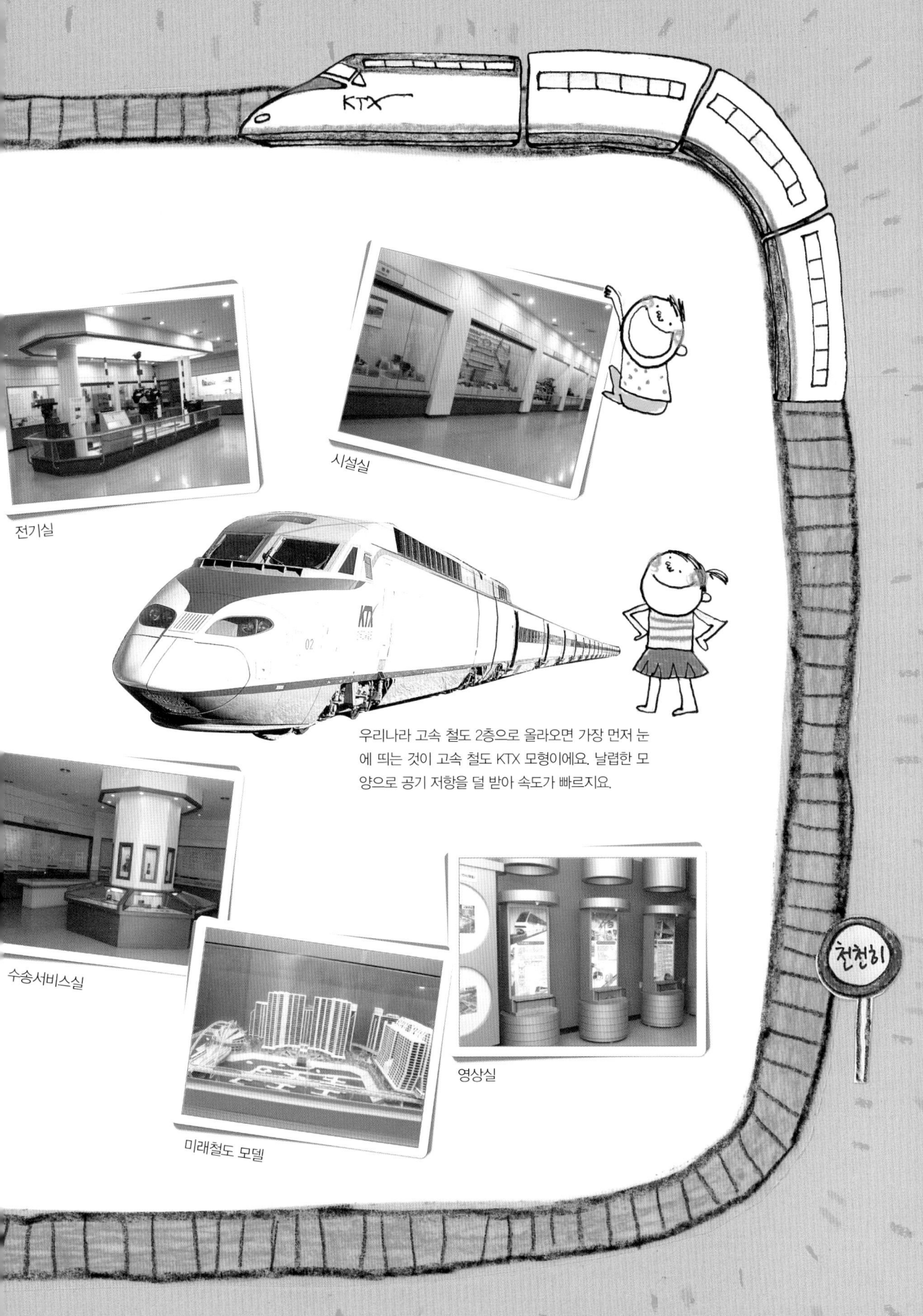

시설실

전기실

우리나라 고속 철도 2층으로 올라오면 가장 먼저 눈에 띄는 것이 고속 철도 KTX 모형이에요. 날렵한 모양으로 공기 저항을 덜 받아 속도가 빠르지요.

수송서비스실

미래철도 모델

영상실

천천히

전기실

철도에 꼭 필요한 전기

2층에 올라오면 철도에서 신호를 보내는 기계의 발달 과정과 통신 시설에 대해 알아보는 전기실이 있어요. 먼저 전기 시설에 대해 알아볼까요?

기차에는 어떻게 전기가 들어오나요?

기차를 타고 가다 보면 신기한 생각이 들어요. 기차에 전선이 연결된 것도 아닌데 전기가 들어오니까요. 기차 안의 전등, 선풍기, 에어콘 같은 전열 기구에 사용되는 전기는 어떻게 만들어질까요? 바로 발전기 때문이에요! 바퀴에 연결되어 있는 벨트가 이 발전기와 연결되어 있지요. 바로 이 발전기가 벨트에 의해 돌아가면서 전기를 만들어내지요. 만들어진 전기는 전선을 타고 기차 곳곳으로 이동한답니다.

우리나라에서 철도와 관련해 처음으로 전기가 사용된 것은 1900년 남대문역 구내의 전등 조명이에요. 그 후 전기는 사용량이 꾸준히 늘어 지금은 철도를 움직이게 하는 가장 중요한 힘이 되고 있지요.

철도에서 중요한 신호

전기는 기관차를 움직이는 힘으로도 쓰지만 신호를 보낼 때도 써요. 그런데 철도에서 신호가 왜 필요할까요? 빠른 속도로 달리는 기차가 선로를 바꿀 때 미리 정보를 주고받아 사고를 막기 위해서예요. 철도 초기에는 사람이 말을 타고 달려가 깃발을 흔들어 신호를 보냈어요. 후에 이런 불편함을 해결하기 위해 신호를 기계식으로 바꾸었지요. 그러다 1940년부터는 기차가 급격히 늘어나면서 적색, 황색, 녹색 불이 들어오는 전기 신호등을 사용했답니다.

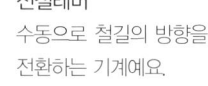

전철레버
수동으로 철길의 방향을 전환하는 기계예요.

완목신호기
1899년부터 최근까지 사용된 기계식 신호기로 수평일 때는 정지 신호, 45도 기울였을 때는 진행하라는 뜻이에요.

34

통표수수기
기관사가 열차 통행 중인 통표를 역장에게 건네줄 때 썼어요.

선로 전환기
선로의 방향을 바꾸는 기계이며 가운데 표지판 색깔(야간에는 위의 신호등 색)로 개통된 선로의 방향을 표시해 주어요. 예를 들면 파랑은 오른쪽, 주황은 왼쪽으로 개통하지요.

통표휴대기
아래 주머니에 통표를 넣어요.

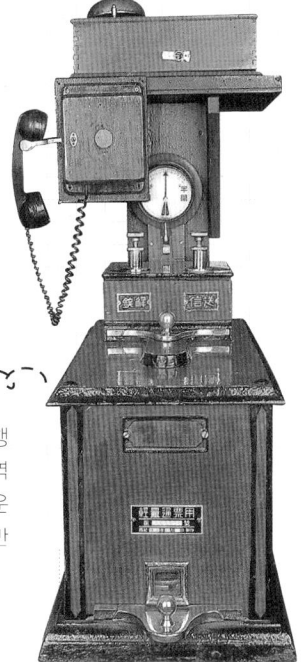

통표폐색기
하나의 철길에 두 대의 열차가 운행하지 못하도록 하기 위해 상대방 역장과 협의하여 한 선로에 하나의 운전허가증(통표)만 꺼낼 수 있도록 만든 장치랍니다.

철도 통신의 발달

철도 통신이란 하나의 선로 위를 달리는 기차가 서로 부딪치지 않기 위해 연락을 취하는 것을 말하지요. 초기의 철도 통신은 자석식 전화기로 했어요. 전화기에 달린 핸들을 돌려 신호를 보내면 전화 교환원이 응답을 하지요. 그 후 통신 시설은 전자식 교환기로 발전했고 최근에는 역과 열차, 열차와 열차 간, 기관사와 역 사이를 연결해 주는 무선 전화나 컴퓨터로 연락을 주고받아요.

여기서 잠깐!

건널목 경보 장치를 체험해요!

전기실 한가운데에는 건널목 경보 장치가 있어요. 버튼을 누르면 건널목 차단기가 내려오고 기차가 들어온다는 경보음이 울려요. 이런 장치는 왜 필요한 걸까요?
직접 체험해 보고 이유를 적어 보세요.

정답은 56쪽에

철도도 AS가 필요해요

시설실

전기실을 지나 도착한 곳은 시설실이에요. 철도의 시설에는 자갈, **침목**, 레일로 이루어지는 선로와 맞이방, **역사**와 같은 건축 시설이 있어요. 시설실에는 이러한 시설들을 고치고 새로 짓는 작업의 발달 과정이 전시되어 있어요. 철도에서 보선 작업은 매우 중요하답니다. 왜냐고요? 선로가 고장이 나면 기차가 달릴 수 없을 뿐만 아니라 기차가 탈선하여 엄청난 사고가 날 수 있기 때문이에요.

침목
길고 큰 물건을 괴는 데 쓰는 나무토막을 말해요.

역사
역으로 쓰는 건물을 말해요.

철도 선로 작업은 어떻게 하나요?

철도 선로 작업에는 여러 가지가 있어요. 그중에서 도상 작업과 침목을 설치하는 작업은 아주 중요해요. 도상 작업은 레일 밑에 모래나 자갈을 까는 것이에요. 그러고는 그 위에 침목을 설치하지요. 자갈 위에 놓는 침목은 레일과 레일 사이의 간격을 유지해 준답니다. 이런 레일과 레일 사이의 간격을 '궤간'이라고 하는데 철도의 궤간은 열차가 통과할 때 생기는 진동과 압력에 의해 아주 미세하지만 조금씩 벌어져요. 계속 벌어지다 보면 열차가 지나갈 수 없을 정도가 되어 위험하지요. 이것을 막기 위해서 침목을 두는 거랍니다.

스프링이 기차 무게에 의한 충격을 덜어 줘요.

기찻길에는 왜 자갈이 있나요?

기찻길 선로 안에 자갈이 깔려 있는 것을 본 적이 있지요? 그런데 모래나 진흙이 아니고 왜 자갈이 깔려 있는 걸까요? 그건 바로 자갈이 열차가 지나갈 때 생기는 진동이나 무게를 분산시켜 소음도 줄이고 승차감을 좋게 하기 때문이에요. 또 돌과 돌 사이가 넓어 물이 고이지 않고 잘 빠져 잡초가 자라는 것을 방지할 수도 있어요.

도상 작업 때 사용된 자갈들

| 굵은 모래와 강 자갈 | 레일 주위에 사용되는 부서진 돌 | 잘게 부서진 레일용 돌 | 강 자갈 |

선로 보수 작업의 발달 과정

처음에는 사람이 곡괭이와 삽 등을 들고 직접 선로의 높낮이나 방향을 바르게 하고 닳은 레일을 교환하는작업을 했어요. 그러다 보니 다치는 사람도 많았고 시간도 많이 걸렸지요. 경제가 발전하면서 열차의 운행 횟수가 늘어나고 속도도 100킬로미터 이상 빨라져 사람의 힘으로 선로를 고치기는 힘들어졌어요. 이때부터 선로 보수에 '타이탬퍼'라는 소형 기계가 사용되었지요. 그 후에도 열차의 속도가 빨라져 선로 손상이 늘어났고, 결국 소형 기계로는 감당할 수 없게 되었어요. 최근에는 공장에서 침목과 레일을 완전히 짜맞추어 틀을 구성한 다음 현장으로 가져간답니다. 예전에 비해 무척 편리해졌지요.

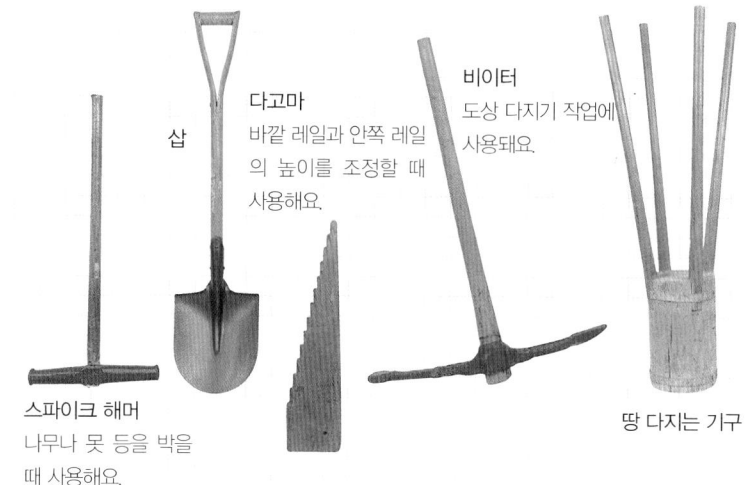

삽

다고마
바깥 레일과 안쪽 레일의 높이를 조정할 때 사용해요.

비이터
도상 다지기 작업에 사용돼요.

스파이크 해머
나무나 못 등을 박을 때 사용해요.

땅 다지는 기구

선로 보수 작업 때 필요한 도구들

기차에는 왜 안전벨트가 없나요?

기차는 멈출 때의 속도가 자동차와 비교했을 때에 매우 느려요. 따라서 갑자기 멈출 때라도 사람의 몸에 작용하는 관성력(기차가 달려가는 방향과 같은 방향으로 나아가려는 힘)이 적은 편이어서 튕겨져 나갈 위험이 적지요. 그래서 안전벨트를 하지 않아도 된답니다.

선로 보수 작업 현장 속으로!

선로의 자갈을 다지는 작업 모습

선로의 궤간을 확인하는 모습

침목을 바꿔 넣는 모습

활기찬 현장, 기차역

역사실과 수송서비스실에서는 옛날 역 건물의 다양한 모습이 전시되어 있어요. 시대에 따라 역 건물들은 많이 변했지만 변하지 않는 게 있답니다. 그건 바로 기차역이 들어서는 곳에는 항상 상권*이 발달한다는 사실이에요. 한마디로 경제의 중심지라고 할 수 있지요. 이런 사실은 철도 역사를 돌이켜 보아도 알 수 있어요. 옛날에는 상품의 운송을 철도가 도맡아 했기 때문에 기차역 주변에 자연스럽게 시장이 들어섰어요. 시장이 생기자 사람들이 몰려들었고, 이에 따라 먹고, 마시고, 잠을 잘 수 있는 식당과 여관들이 뒤따라 생겨나게 되었지요. 이렇게 하나 둘 건물이 늘어나면서 결국 기차역 주변에 커다란 상권이 형성된 거예요.

* **상권** : 물자들의 거래가 왕성하게 이루어지는 지역을 말해요.

지금도 서울에서 큰 시장들을 살펴보면 모두 기차역 옆에 있답니다. 우리나라에서 제일 크다는 남대문 시장은 서울역 바로 옆에 있어요. 영등포 시장 역시 역 앞에 있고, 우리나라에서 가장 큰 한약 시장인 경동 시장도 청량리역 근처에 자리를 잡고 있답니다. 또 용산역 근처에는 전자 상가가 들어서 있어요. 이렇듯 기차역은 우리나라 시장의 형성과 상업의 발달에 큰 영향을 미쳤답니다.

현재 철도의 주요 출발지인 서울에는 서울역, 영등포역, 청량리역, 용산역, 노량진역 등 여러 기차역이 있어요. 주요 역사들은 그 지역의 쇼핑, 문화, 관광의 중심지 역할을 맡고 있답니다.

1925년 서울역
1925년 준공된 서울역의 모습이에요. 서양 건축의 형태를 빌려와 다소 웅장하고 화려하게 지었어요.

현재의 서울역
2004년 4월 고속 철도의 개통으로 서울역은 새롭게 바뀌었어요. 역 주변에는 다양한 문화 시설이 있답니다.

부지런히 실어 나르는 철도

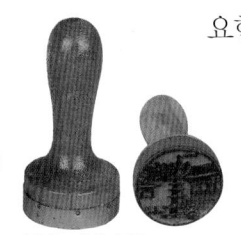

철도 직원용 시계

관광 기념 스탬프

그럼 기차를 운행하고 승객과 화물을 실어 나르는 데 필요한 여러 가지 도구들이 전시된 수송서비스실을 볼까요. 이곳에는 철도원과 기관사들의 제복 변천 과정과 기념 승차권, 기념 우표, 기념 스탬프 등도 있답니다.

우리나라 철도 운수의 발달

비용을 내고 물건을 실어나르는 지금과 같은 운수업은 19세기 말부터 시작했어요. 이 전에는 소나 말, 범선, 나룻배 등을 이용해 물건을 운반했지요.

1899년, 최초로 철도를 건설하면서부터 우리나라에서는 본격적인 철도 운수업이 시작되었어요. 이후 자동차가 등장하기는 했지만, 그때까지만 해도 자동차는 철도에 비해 속도가 느려서 1960년 대까지 장거리 운반에는 철도가 주로 이용되었지요. 철도는 자동차에 비해 대용량의 화물이나 여객을 실어 나르는 데 유리해요. 무엇보다 안전하면서, 정확한 시간에 도착할 수 있어 철도 운수업은 활발하게 이루어졌어요.

현재 철도 운수업에서 가장 많은 부분을 차지하는 것은 '도시 철도'에 의한 여객 수송이에요. 서울시 인구 4명 가운데 1명이 매일 전철을 이용하고 있답니다.

철도 100주년 기념 우표
1899년 9월 18일 우리나라 최초의 기차가 연기를 내뿜으며 인천과 노량진 사이를 질주했어요. 철도청은 이 날을 기념해 매년 9월 18일을 철도의 날로 정했어요. 이 우표는 100주년이 되던 1999년에 만든 것이지요.

철도 운수가 뭐예요?
물건이나 사람을 운반하는 것을 운송 또는 운수라고 하는데 왜 철도 운송이 아닌 철도 운수라고 할까요? 운수는 운송이나 운반보다 더 큰 규모를 말하지요. 많은 사람을 태워 나르거나 무거운 물건을 실어 나르는 철도의 역할이 잘 나타나요.

여기서 잠깐!

100년 전 사람들은 새로운 문물을 어떻게 불렀을까요?

옛날 사람들은 새로운 기계를 보고 처음부터 우리가 부르는 이름으로 불렀을까요? 그렇지 않아요. 그럼 과거로 돌아가 옛날 사람들이 불렀던 이름을 한번 유추해 보세요. 보기를 참고해 정답을 써 보세요.

> **보기**
>
> **쇠귀신** : 쇠로 만든 것이 귀신처럼 움직인다고 해서 붙인 이름이에요. **정답** 자동차

덕률풍 : 영어 '텔레폰'의 발음을 한자식으로 적은 것이에요. (　　　　　)
철마 : 쇠로 만든 말이라는 의미예요. (　　　　　)
활동사진 : 정지해 있는 사진이 활동하는 것처럼 움직여서 붙인 이름이에요. (　　　　　)

☞ 정답은 56쪽에

우리가 자주 타는 전철

현재 철도 운송의 많은 부분을 차지하고 있는 전철에 대해 좀 더 알아보아요. 전철은 전기로 움직이는 철도를 뜻해요. 흔히 지하철이라고 알고 있는데 엄밀히 말하면, 지하철과 고속 철도 등은 전철의 한 종류예요. 지하철은 주로 대도시에서 교통의 혼잡을 줄이고 빠른 속도로 운행하기 위해 땅속에 터널을 파고 부설한 철도를 말해요.

우리나라 지하철은 1974년 8월 15일에 개통했어요. 지하철 개통 당시 이름은 종로선이에요. 그때는 서울역에서 청량리역까지, 단 9개 역이 전부였지요. 개통 때 30원이던 기본 요금은 2019년 현재 1,350원이 됐어요. 지금은 수도권뿐만 아니라 부산, 대구, 광주, 대전 등 대도시에 지하철이 운행되고 있어요.

우리나라 전철 기네스

현재 우리나라에서 최고로 많은 사람이 다니는 전철역은 어디일까요? 2호선 강남역이에요. 그럼 가장 승객이 적은 전철역은 어디일까요? 바로 7호선 장암역이지요. 그리고 다른 역 이용객까지 포함해 사람이 가장 많아 붐비는 곳은 바로 1호선 신도림역이랍니다.

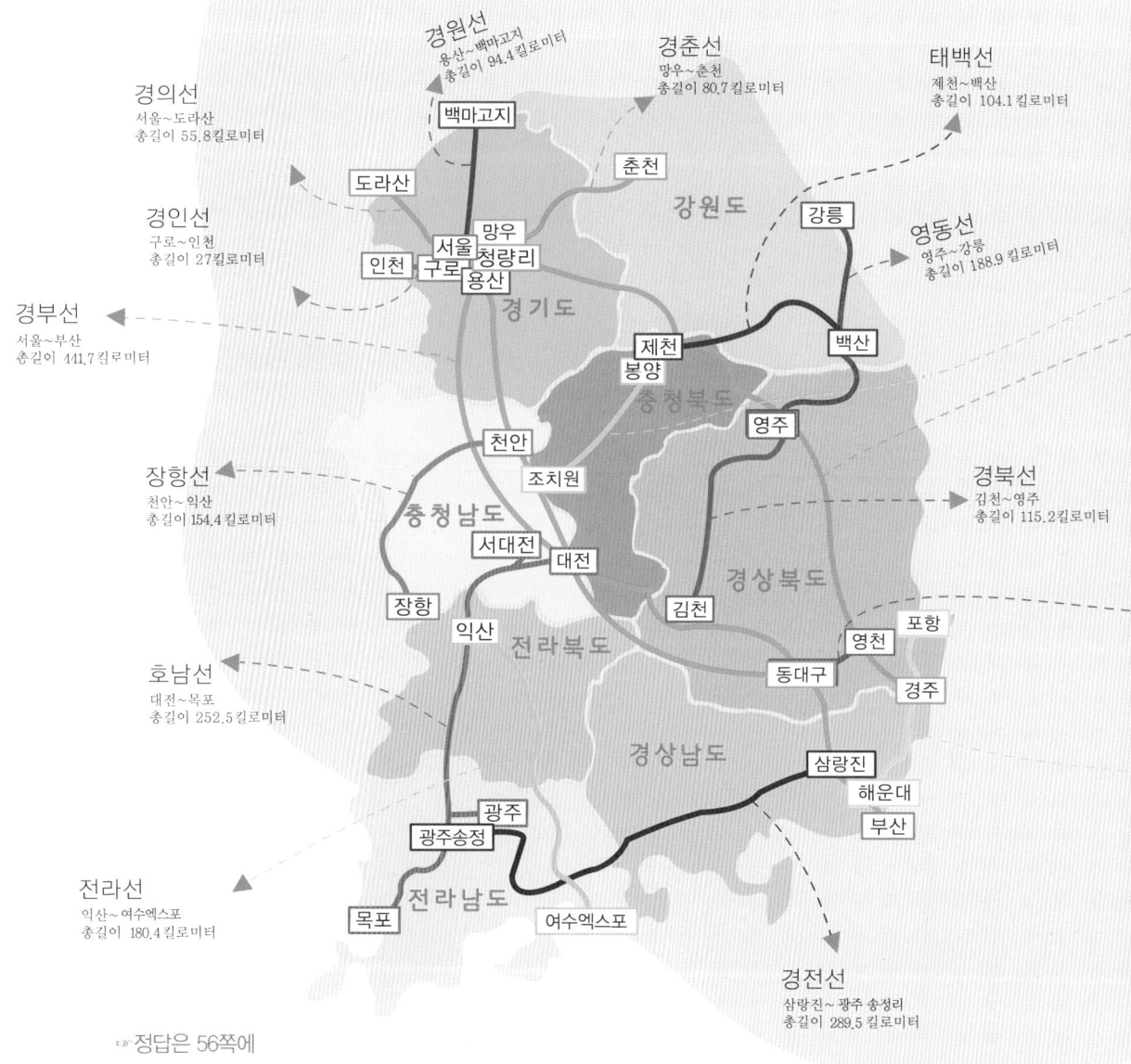

여기서
잠깐!

우리나라 기차 노선을 살펴보아요!

우리나라 기찻길은 어떻게 나 있을까요?
현재 우리나라 기찻길의 주요 노선은 24개나 돼요.
경부선은 어디에서 어디까지일까요?
다음 그림을 보고 답을 알아맞혀 보세요.
또 가장 긴 기찻길은 무엇인지, 내가 타 본 기차 노선에는 무엇이 있는지도 한번
찾아보세요.

경원선
용산~백마고지
총길이 94.4킬로미터

경춘선
망우~춘천
총길이 80.7킬로미터

태백선
제천~백산
총길이 104.1킬로미터

경의선
서울~도라산
총길이 55.8킬로미터

백마고지

춘천

강원도

강릉

영동선
영주~강릉
총길이 188.9킬로미터

도라산

경인선
구로~인천
총길이 27킬로미터

서울 망우
청량리
용산

인천 구로

경기도

경부선
서울~부산
총길이 441.7킬로미터

제천
봉양

백산

충청북도

영주

천안

조치원

경북선
김천~영주
총길이 115.2킬로미터

장항선
천안~익산
총길이 154.4킬로미터

충청남도

서대전 대전

경상북도

장항

익산

전라북도

김천

영천 포항

동대구

경주

호남선
대전~목포
총길이 252.5킬로미터

경상남도

삼랑진

해운대

부산

광주
광주송정

전라선
익산~여수엑스포
총길이 180.4킬로미터

목포

전라남도

여수엑스포

경전선
삼랑진~광주 송정리
총길이 289.5킬로미터

정답은 56쪽에

42

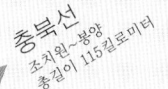

충북선
조치원~봉양
총길이 115킬로미터

중앙선
청량리~경주
총길이 373.8 킬로미터

대구선
가천~영천
총길이 26킬로미터

동해선
부산진~효자 / 모량~영덕
총길이 138.5 / 73.7킬로미터

보너스!
우리나라 철도 기네스북

1. 우리나라 최초의 열차 운행은?
1899년 9월 18일에 첫 열차가 철도 위를 달렸어요. 노량진과 제물포(인천) 간을 운행하던 **경인선**이에요.

2. 우리나라에서 가장 높은 곳에 있는 역은?
1973년 10월 16일 영업을 시작한 태백산 **추전역**이에요. 높이는 해발 855미터입니다.

3. 우리나라에서 가장 북쪽에 있는 역은?
경원선 **백마고지역**이에요. 서울역에서 88.8킬로미터 떨어져 있고, 휴전선에서는 9.5킬로미터 떨어져 있지요.

4. 우리나라에서 가장 남쪽에 있는 역은?
전라선 **여수엑스포역**이에요. 서울역에서 449킬로미터 떨어져 있지요.

5. 우리나라에서 가장 긴 철도 터널은?
수서평택고속선의 수서~지제 간에 있는 **율현터널**로 길이는 50.3킬로미터입니다.

▶힌트 : 2층에 있는 한국의 철도망을 참고하세요.

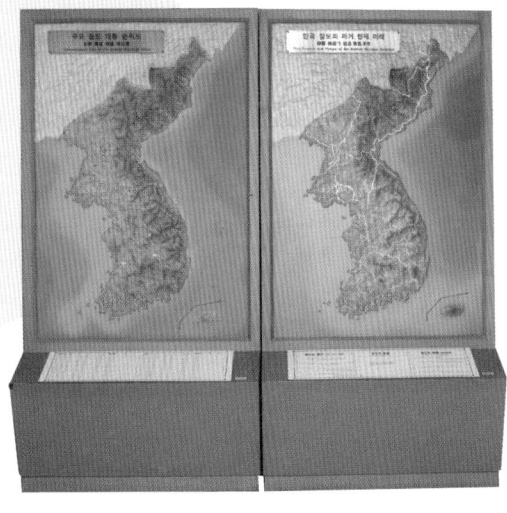

▶정답 :

1. 경부선의 출발지는 (   )이고
   종착지는 (   )이에요.

2. 가장 긴 기찻길은 (   )이에요.

3. 내가 타 본 기차 노선은 (   )이에요.

영상실

새로운 열차가 달린다

2층 전시실의 마지막 코스에는 영상실이에요. 우리나라에서 철도가 개통된 때부터 오늘에 이르기까지 100년사를 보여 주는 영상을 포함해 다양한 자료를 시청할 수 있답니다. 영상실 옆에는 원래 미래철도실이 있었어요. 하지만 미래철도실에 소개되었던 PRT, 자기 부상 열차, 경량 전철, 모노레일은 이제 실제로 운행하는 열차들이 되었지요. 그럼 현재 진행 중인 우리나라와 세계의 최신 열차에 대해 알아볼까요?

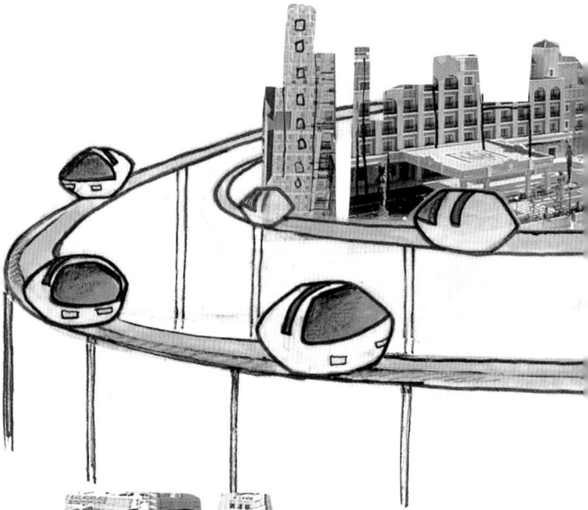

PRT 시스템▶

'궤도 택시'라고 불리는 PRT는 1~4명 정도가 탈 수 있어요. PRT는 궤도가 놓인 곳이라면 도시 곳곳 어디든지 갈 수 있어요. 추월선이 따로 마련되어 있어 신호 대기를 하거나 충돌하는 일은 없답니다. 하지만 차량의 승차 인원이 적기 때문에 수송 인원이 늘어날수록 필요한 차량의 수도 늘어난다는 단점이 있지요.

▼자기 부상 열차

자기 부상 열차는 전기를 통한 전자석의 미는 힘을 이용해 선로 위에 떠서 움직이는 열차예요. 바퀴식 열차에 비해 소음이 적고, 진동도 약하며 부품이 닳는 정도도 낮아 경제적이에요. 우리나라에서는 1993년 대전 엑스포에서 시험 운행한 적이 있고, 현재 인천국제공항 주변에서 운행 중이에요.

▲ 경량 전철(경전철)

경량 전철은 지하철과 버스의 단점을 보완한 대중 교통수단이에요. 주로 15~20킬로미터의 도시 구간을 운행하지요. 지하철처럼 수송 능력이 우수해요. 무인 자동 운전 시스템을 갖추고 있어 지하철에 비해 인건비를 하루 50% 정도 줄일 수 있어 경제적이지요. 특히 고무 바퀴로 달리는 경전철은 소음과 진동이 없어 승차감이 좋을 뿐 아니라 지역 주민들에게 피해를 주지 않아요. 우리나라에서 처음 개통된 노선은 김해 – 부산과 의정부 노선이에요.

◀ 모노레일

모노레일은 한 줄의 레일(선로) 위를 기차가 달리거나 기차가 레일에 매달려 달리는 교통 기관이에요. 보통 콘크리트로 만든 굵은 레일을 사용하지요. 바퀴에 고무 타이어를 사용하면 철도처럼 시끄럽지 않고 승차감도 자동차와 비슷하며 급경사에도 견딜 수 있지요. 레일을 높게 설치하면 토지를 다양하게 이용할 수 있으므로 도시 교통 기관으로 좋은 평가를 받고 있어요.

세계는 고속 철도 운행 중

세계의 철도

다양한 열차를 만나 본 소감이 어떤가요? 아직 낯설다고요? 하지만 우리는 이미 미래 철도를 이용하고 있어요. 특히 고속 철도의 이용이 매우 활발하지요. 빠른 속도와 안전성, 경제성이 뛰어나 아주 좋은 대중 교통수단이에요. 현재 운행되는 고속 철도는 프랑스의 떼제베(TGV), 일본의 신칸센, 독일의 이체에(ICE), 스페인의 아베(AVE), 우리나라의 KTX, SRT 등이 있으며 다른 나라에서도 개발 중이랍니다.

그 밖에도 아시아에서는 아시아 횡단 철도(TAR) 프로젝트가 진행 중에 있어요. 횡단 철도 건설 계획은 동북아시아와 동남아시아 지역 국가들을 철도로 연결하는 거대한 사업이에요. 현재 **에스캅**이 주축이 되어 머지 않아 실행에 옮길 거예요.

에스캅
아시아 · 태평양 경제사회위원회를 가리키는 말로 1947년에 설립되었어요.

세계의 고속 철도

프랑스의 TGV
1960년대 파리~리용 간 여객과 화물 수송이 넘치자 TGV를 건설했어요.

일본의 신칸센
2차 대전 후 인구와 산업이 대도시로 집중되어 교통이 복잡하게 되자 신칸센을 건설했어요.

독일의 ICE
독일은 1991년, 도로 교통 정책의 한계와 환경 보호의 필요성으로 고속 철도를 건설했지요.

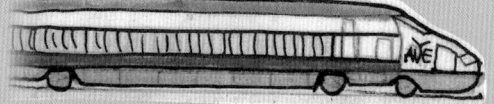

스페인의 AVE
스페인은 1992년 바르셀로나 올림픽과 엑스포 등 수송 문제를 해결하려고 고속 철도를 도입했어요.

우리나라의 고속 철도, KTX

　고속 철도가 2004년 4월 개통됨에 따라 우리나라는 프랑스, 일본, 독일, 스페인 등과 함께 초고속 시대에 들어섰어요. 고속 철도는 빠른 속도만큼이나 우리 생활을 변화시키고 있어요. 이제 서울에 사는 사람도 아침에 부산에 가서 볼일을 보고 저녁이 되기 전에 서울로 돌아올 수 있게 되었지요. 여러분 중에도 이미 고속 철도를 타고 여행을 다녀 본 사람이 있을 거예요. 고속 철도는 빠르고 안전하여 현재 아주 유용한 교통수단으로 주목받고 있답니다.

KTX
2004년 4월 개통된 우리나라 고속 철도는 시속 300킬로미터를 자랑하지요.

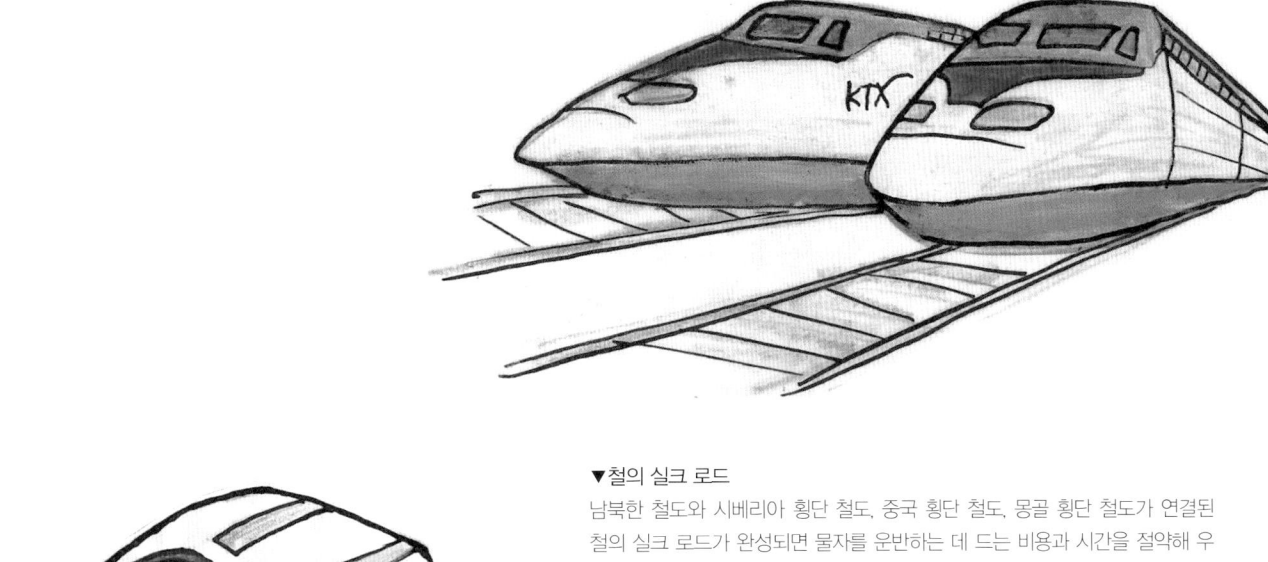

▼철의 실크 로드
남북한 철도와 시베리아 횡단 철도, 중국 횡단 철도, 몽골 횡단 철도가 연결된 철의 실크 로드가 완성되면 물자를 운반하는 데 드는 비용과 시간을 절약해 우리나라 경제에 도움이 될 거예요.

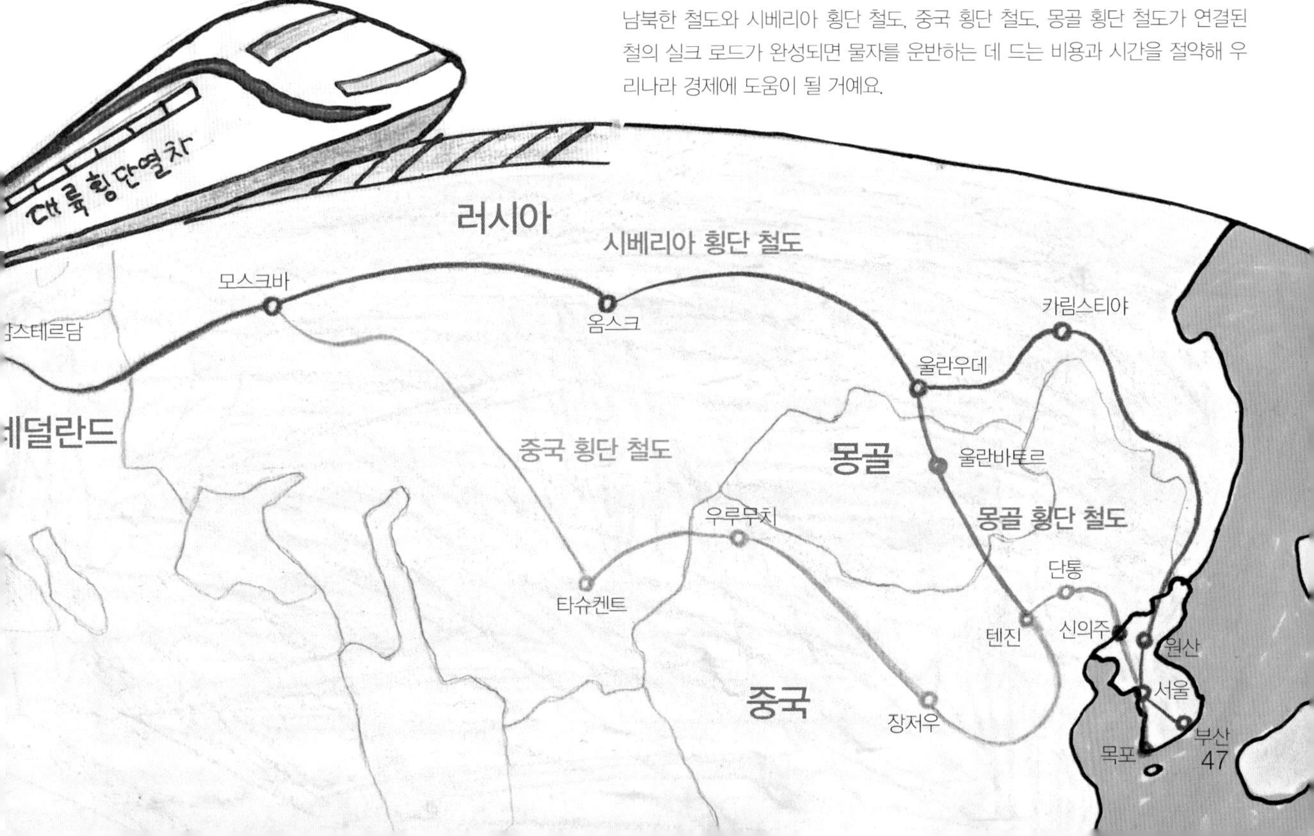

대륙횡단열차

러시아

시베리아 횡단 철도

모스크바

옴스크

카림스티야

암스테르담

울란우데

네덜란드

중국 횡단 철도

몽골

울란바토르

몽골 횡단 철도

우루무치

단통

타슈켄트

톈진　신의주

원산

서울

중국

장저우

부산

목포

철도의 소중함을 깨달아요

철도박물관에서 한 체험학습이 재미있었나요?

여러분이 지금까지 살펴본 철도박물관은 철도 역사의 기록들과 유물들을 전시해 놓은 곳이에요. 오래된 옛날 사진과 철도 관련 물건들이 철도의 역사를 알려 주고 있지요. 그런데 철도박물관은 왜 만들었을까요? 우리 역사의 자랑거리들을 보여 주기 위해서 만든 것일까요? 그것만은 아니에요. 철도박물관에는 고속 철도의 멋진 사진도 있지만 철도를 부수었다는 누명을 쓰고 일본에게 총살당한 우리 선조들의 사진 자료도 전시되어 있으니까요. 이 사진 한 장은 우리나라가 힘없고 약했던 시절, 소중한 목숨도 쉽게 빼앗기며 백성들이 얼마나 고통스럽게 살아가야 했는지를 말해 주고 있답니다. 철도박물관은 지나간 철도 역사의 기록을 통해 오늘을 살고 있는 우리에게 생각할 거리를 던져 주는 곳이에요.

철도박물관에
또 가고
싶어지는걸.

뿐만 아니라 철도박물관은 우리에게 철도와 관련된 다양한 지식들을 꼼꼼히 소개해 줘요. 철도에 담긴 과학과 예술성뿐만 아니라 철도가 가져온 우리 생활의 변화까지 알려 준답니다.

어린이 여러분! 이제 철도박물관이 우리에게 무엇을 이야기하고 싶어하는지 잘 알겠지요. 그럼 이제 어린이 여러분이 할 일이 한 가지 남아 있네요. 지금까지 철도박물관을 체험하면서 보고 느낀 것을 잘 정리하는 일이지요. 어떤 어린이는 우리나라 철도 역사에 대해 알았을 테고, 또 어떤 어린이는 우리나라 철도의 미래를 보았을 거예요. 철도박물관에서의 소중한 기억들을 오래오래 간직하세요.

나는 철도박물관 박사!

칙칙폭폭 기차가 금방이라도 출발할 것 같은 철도박물관 체험학습이 끝났어요. 철도에 대해 제대로 알고 있는지, 또 얼마나 체험을 잘했는지 문제를 풀면서 확인해 보세요.

① 알맞은 것끼리 연결해 보세요.

다양한 기차 사진을 보고 알맞은 이름과 기능을 찾아 연결해 보세요.

증기 기관차 •

• 대통령이나
  귀한 손님들이
  탄 차예요.

디젤 기관차 •

• 우리나라 최초로
  달린 기차이지요.

귀빈 객차 •

• 화물을 나르는
  기차예요.

수도권 전동차 •

• 선로 사이의
  간격이 좁은 철길을
  달렸어요.

협궤 객차 •

• 경유를 이용해
  달린 기차예요.

화차 •

• 전기의 힘으로
  레일 위를 달렸어요.

② 우리나라 주요 기찻길을 맞혀 보세요.

우리나라 기찻길 이름을 알맞게 써 보세요.

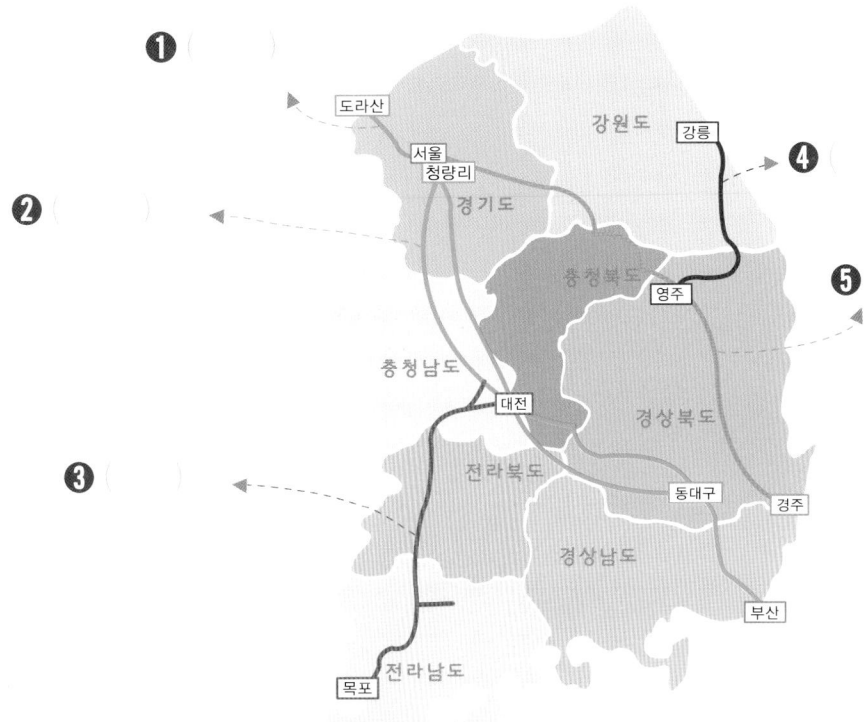

❶ (　　　)

❷ (　　　)

❸ (　　　)

❹ (　　　)

❺ (　　　)

③ 도전 골든벨 OX 퀴즈!

다음 질문에 O 또는 X로 답하세요.

1) 우리나라 최초의 철도는 경인선이다. (　　)

2) 우리나라에서 최초로 운행된 증기 기관차의 이름은 모갈이다. (　　)

3) 열차의 충돌을 방지하기 위하여 운전허가증으로 발급하던 것은 차표이다. (　　)

4) 자석의 같은 극 간에 서로 미는 힘을 이용한 열차는 자기 부상 열차이다. (　　)

5) 경인선 첫 개통식을 알린 독립신문의 기사에서 기차를 '화륜거'라고 불렀다. (　　)

6) 경의선은 분단으로 끊어져 영원히 개통되지 않을 것이다. (　　)

7) 우리나라는 2004년에 고속 철도 ICE를 운행하였다. (　　)

맞은 개수	철도박물관에 대한 나의 상식 수준
1~2개	아휴! 딱 걸렸어요. 철도박물관에 다시 다녀오세요.
3~6개	철도박물관에서 졸았나요?
7개	짝짝. 어린이 철도 박사가 된 걸 축하해요.

☞ 정답은 56쪽에

❹ 다음 토론을 보고 나의 생각을 적어 보세요.

최초의 철도인 증기 기관차부터 현재의 고속 철도까지 철도 역사에 대해 잘 알아보았지요?
다음의 기사를 읽고 여러분의 생각을 적어 보세요.

고속 철도 터널 공사와 환경 문제

고속 철도 건설에 빨간 신호가 울렸다. 경치가 매우 아름답기로 유명한 산을 관통하는 터널 공사가 진행 중에 있는데 일부에서는 터널 공사의 중지를 원하고 있기 때문이다. 터널 공사로 산 주변 환경이 달라질 우려가 있기 때문이라고 한다. 물이 말라 동식물이 멸종하고 생태계가 파괴된다는 것 때문이다. 이에 대해 고속 철도 공사는 공사를 하는 곳과 동물이 사는 서식지는 거리가 많이 떨어져서 그럴 리가 없으며 지금 공사를 중단하면 막대한 금전적 손실이 있다는 주장을 펴고 있다.

해피신문 윤인숙 기자

터널 공사로 습지가 말라 산에 살고 있는 꽃과 동물들이 위험해졌어요. 이곳의 생태계가 파괴되면서 동물 친구들이 점점 죽어갈 거예요. 산에 살고 있는 꽃과 식물들을 지켜야 해요.

터널을 뚫는다고 무조건 나쁜 것만은 아닌 것 같아요. 우리나라는 대부분이 산이기 때문에 길을 내기 위해서는 터널을 뚫어야 해요.

고속 철도 때문에 지방과 서울이 더 가까워졌잖아요. 그동안 서울에는 사람들이 너무 많아 교통도 복잡하고 환경도 안 좋았는데 다른 지방과도 가까워져서 좋아요.

⑤ 미래 철도를 상상하며 그려 보세요.

책에서 다양한 열차를 만나 보았지요? 세계적으로 사용하는 나라가 많지는 않지만 시험 운행을 마치고 사용될 날이 멀지 않았답니다. 옛날에는 생각도 못할 일이었지요. 이처럼 철도의 발전은 여러분이 상상하는 것 이상으로 빨라요. 미래엔 어떤 열차를 타고 여행하게 될지 상상하며 그려 보세요.

정답은 56쪽에

신나고 재미있는 기차 여행 즐기기

철도박물관 체험학습을 잘 마쳤나요? 박물관에서 철도에 대해 살펴보았으니 이번엔 기차를 타고 여행을 떠나 보는 건 어떨까요? 박물관에서 기차 모형을 보며 여행을 가고 싶어진 친구도 분명 있을 거예요. 부모님 혹은 언니, 오빠와 함께 가까운 곳이나 새로운 곳으로 기차 여행을 떠나 봐요. 여행을 다녀온 후에는 소감을 짧게라도 기록해 보면 더욱 좋지요. 기차가 우리 생활에 주는 편리함과 즐거움에 대해 새삼 느끼게 될 거예요.

1. 여행 날짜와 여행지 선택하기

기차 여행을 떠나기 전에 먼저 해야 할 일은 당연히 언제, 어디로 떠날 것인지 결정하는 거예요. 어린이 친구들은 혼자 여행을 떠나기 보다는 부모님과 함께 또는 언니, 오빠들과 함께 여행을 떠나는 것이 좋겠어요. 기차 여행에 대한 자세한 정보는 www.qubi.com으로 들어가면 알아볼 수 있어요. 준비를 마쳤으면 여행을 떠나 볼까요?

2. 기차타면 꼭 먹는 것, 삶은 계란과 김밥

기차 여행에서 꼭 해 봐야 하는 것은 바로 간식거리를 먹는 일이에요. 여행을 더욱 즐겁게 해 주는 것이 바로 먹을거리이지요. 특히 기차 여행에서 빼놓을 수 없는 간식은 삶은 계란과 김밥이에요. 기차 안에서 먹는 간식거리는 정말 꿀맛이랍니다.

3. 여행지에서 신나게 놀기

기차를 타고 여행지에 잘 도착했나요? 그럼 이젠 맘껏 주변 풍경을 감상하고 재밌게 놀아 보세요. 여행지에서는 늘 하던 평범한 일들도 재미있고 신나게 느껴진답니다. 사진도 많이 찍고 멋진 추억도 만들어 보세요.

4. 여행이 끝난 후 남기는 감상문

여행을 마친 후에는 집으로 돌아와서 여행 감상문을 써 보세요. 나중에 읽어 보면 여행할 당시의 느낌을 그대로 느낄 수 있어 좋답니다. 여행했을 때 찍은 사진을 함께 붙이면 더욱 생생한 감상문이 될 거예요.

주제: 철도박물관 견학 후 떠난
　　　신나는 기차 여행
여행한 날짜: 2006년 2월 18일
여행 소감: 방학을 맞이해서 가족들과 기차 여행을 떠났다. 난생 처음으로 눈꽃 열차를 타고 정동진에 도착해 해가 뜨는 것을 보았는데 구름이 많아서 해가 뜨는 걸 보지는 못했지만 새로운 경험이었다.
곧이어 대관령 눈썰매장으로 간 우리는 점심을 먹은 후 신나는 눈썰매를 즐겼다. 생각보다 빠른 속도에 약간은 무서웠지만 누가 이기나 내기를 해서 최선을 다했다. 기차를 타고 여행을 떠난 게 처음은 아니지만 이번 여행은 특별했던 것 같다. 특별히 겨울에만 탈 수 있는 눈꽃 열차를 탄 것이 기억에 남는 추억이 될 것 같다.

정답

❷ 우리나라 주요 기찻길을 맞혀 보세요.

❶ (경의선)　　❷ (경부선)　　❸ (호남선)
❹ (영동선)　　❺ (경원선)

여기서 잠깐!

19쪽 경인선·경부선·경의선·호남선·
　　　충북선·중앙선
22쪽 객제나 기관사
35쪽 터널이 갑자기 차가 어두워 산소를 잃을 수
　　　있어 안전사고가 날 수 있다.
41쪽 전역사나 기차 병원
43쪽 서울, 남인, 경부선

❸ 도전 골든벨 OX 퀴즈!

다음 질문에 O 또는 X로 답하세요.

1) 우리나라 최초의 철도는 경인선이다.
2) 우리나라에서 최초로 운행된 증기 기관차의 이름은 모갈이다.
3) 열차의 충돌을 방지하기 위하여 운전허가증으로 발급하던 것은 차표이다.
4) 자석의 같은 극 간에 서로 미는 힘을 이용한 열차는 자기 부상 열차이다.
5) 경인선 첫 개통식을 알린 독립신문의 기사에서 기차를 '화륜거'라고 불렀다.
6) 경의선은 분단으로 끊어져 영원히 개통되지 않을 것이다.
7) 우리나라는 2004년에 고속 철도 ICE를 운행하였다.

나는 철도박물관 박사!

❶ 알맞은 것끼리 연결해 보세요.

증기 기관차

디젤 기관차

귀빈 객차

수도권 전동차

협궤 객차

화차

대통령이나 귀한 손님들이 탄 차예요.

우리나라 최초로 달린 기차이지요.

화물을 나르는 기차예요.

선로 사이의 간격이 좁은 철길을 달렸어요.

경유를 이용해 달린 기차예요.

전기의 힘으로 레일 위를 달렸어요.

❹ 다음 토론을 보고 나의 생각을 적어 보세요.

예 고속 철도 건설에서 환경 문제도 물론 심각하겠지만 그렇다고 빠르게 갈 수 있는 방법이 있는데 환경 문제만 생각해서 건설을 안 하는 것은 시대에 뒤떨어진 생각 같다. 터널을 뚫을 때 주변 생태계 문제에 대해 미리 조사를 하여 최대한 심각한 피해를 주지 않도록 해야 한다고 생각한다.

철도박물관을 제대로 체험한 어린이는 잘 맞혔을 거예요.

사진 출처

주니어김영사 4–5p(사진 전부), 6–7p(사진 전부), 8p(미카), 9p(사진 전부), 10p(디젤 기관차), 11p(수도권 전동차), 12p(협궤 객차), 13p(객차, 귀빈 객차 실내, 귀빈 객차 침실), 15p(사진 전부), 16p(로코모션 증기 기관차 모형), 19p(미카 3–129호), 26–27p(사진 전부), 30–31p(증기 기관차, 디젤 기관차, 철도모형 디오라마실 내부 모습), 33p(사진 전부), 34–36p(사진 전부), 37p(선로 보수 작업 때 필요한 도구들), 39p(현재의 서울역), 43p(한국 철도망)

철도박물관 8p(모갈형 탱크 기관차 모형), 10p(우리나라 기관차의 발달 과정), 11p(전기 기관차), 12p(핸드카, 협궤 동차, 무개화차, 유개화차), 13p(귀빈 열차), 16p(마차, 경인선 통표, 경인선 기공식), 17p(경인철도 개통식 모습, 독립신문 경인철도 개통식 기사, 우리나라 최초의 기차), 18p(사진 전부), 21p(사진 전부), 22–23p(사진 전부), 24p(화물 열차), 30–31p(수도권 전동차, 고속 철도 KTX, 무궁화호 객차, 새마을호), 37p(선로 보수 작업 현장), 39p(1925년 서울역), 40–41p(사진 전부)

한국철도공사 25p(고속 철도 KTX)

초등학교 교과서와 관련된 학년별 현장 체험학습 추천 장소

1학년 1학기 (21곳)	1학년 2학기 (18곳)	2학년 1학기 (21곳)	2학년 2학기 (25곳)	3학년 1학기 (31곳)	3학년 2학기 (37곳)
철도박물관	농촌 체험	소방서와 경찰서	소방서와 경찰서	경희대자연사박물관	IT월드(과천정보나라)
소방서와 경찰서	광릉	서울대공원 동물원	서울대공원 동물원	광릉수목원	강원도
시민안전체험관	홍릉 산림과학관	농촌 체험	강릉단오제	국립민속박물관	경희대자연사박물관
천마산	소방서와 경찰서	천마산	천마산	국립서울과학관	광릉수목원
서울대공원 동물원	월드컵공원	남산골 한옥마을	월드컵공원	국립중앙박물관	국립경주박물관
농촌 체험	시민안전체험관	한국민속촌	남산골 한옥마을	기상청	국립고궁박물관
코엑스 아쿠아리움	서울대공원 동물원	국립서울과학관	한국민속촌	서대문자연사박물관	국립국악박물관
선유도공원	우포늪	서울숲	농촌 체험	선유도공원	국립부여박물관
양재천	철새	갯벌	서울숲	시장 체험	국립서울과학관
한강	코엑스 아쿠아리움	양재천	양재천	신문박물관	남산
에버랜드	짚풀생활사박물관	동굴	선유도공원	경상북도	남산골 한옥마을
서울숲	국악박물관	고성 공룡박물관	불국사와 석굴암	양재천	롯데월드 민속박물관
갯벌	천문대	코엑스 아쿠아리움	국립중앙박물관	경기도	국립민속박물관
고성 공룡박물관	자연생태박물관	옹기민속박물관	국립민속박물관	이화여대자연사박물관	삼성어린이박물관
서대문자연사박물관	세종분화화산	기상청	전쟁기념관	전쟁기념관	서대문자연사박물관
옹기민속박물관	예술의 전당	시장 체험	판소리	천마산	선유도공원
어린이 교통공원	어린이대공원	에버랜드	DMZ	한강	소방서와 경찰서
어린이 도서관	서울놀이마당	경복궁	시장 체험	화폐금융박물관	시민안전체험관
서울대공원		강릉단오제	광릉	호림박물관	경상북도
남산자연공원		몽촌역사관	홍릉 산림과학관	홍릉 산림과학관	월드컵공원
삼성어린이박물관		국립현대미술관	국립현충원	우포늪	육군사관학교
			국립4·19묘지	소나무 극장	해군사관학교
			지구촌민속박물관	예지원	공군사관학교
			우정박물관	자운서원	철도박물관
			한국통신박물관	서울타워	이화여대자연사박물관
				국립중앙과학관	제주도
				엑스포과학공원	천마산
				올림픽공원	천문대
				전라남도	태백석탄박물관
				경상남도	판소리박물관
				허준박물관	한국민속촌
					임진각
					오두산 통일전망대
					한국천문연구원
					종이미술박물관
					짚풀생활사박물관
					토탈야외미술관

4학년 1학기 (34곳)	4학년 2학기 (56곳)	5학년 1학기 (35곳)	5학년 2학기 (51곳)	6학년 1학기 (36곳)	6학년 2학기 (39곳)
강화도	IT월드(과천정보나라)	갯벌	IT월드(과천정보나라)	경기도박물관	IT월드(과천정보나라)
갯벌	강화도	광릉수목원	강원도	경복궁	KBS 방송국
경희대자연사박물관	경기도박물관	국립민속박물관	경기도박물관	덕수궁과 정동	경기도박물관
광릉수목원	경복궁 / 경상북도	국립중앙박물관	경복궁	경상북도	경복궁
국립서울과학관	경주역사유적지구	기상청	덕수궁과 정동	고성 공룡박물관	경희대자연사박물관
기상청	경희대자연사박물관	남산골 한옥마을	경상북도	국립민속박물관	광릉수목원
농촌 체험	고창, 화순, 강화 고인돌유적	농업박물관	경희대자연사박물관	국립서울과학관	국립민속박물관
서대문자연사박물관	전라북도	농촌 체험	고인쇄박물관	국립중앙박물관	국립중앙박물관
서대문형무소역사관	고성 공룡박물관	서울국립과학관	충청도	농업박물관	국회의사당
서울역사박물관	충청도	서울대공원 동물원	광릉수목원	롯데월드 민속박물관	기상청
소방서와 경찰서	국립경주박물관	서울숲	국립공주박물관	몽촌토성과 풍납토성	남산
수원화성	국립민속박물관	서울시청	국립경주박물관	민주화현장	남산골 한옥마을
시장 체험	국립부여박물관	서울역사박물관	국립고궁박물관	백범기념관	대법원
경상북도	국립서울과학관	시민안전체험관	국립민속박물관	서대문자연사박물관	대학로
양재천	국립중앙박물관	경상북도	국립서울과학관	서대문형무소 역사관	민주화 현장
옹기민속박물관	국립국악박물관 / 남산	양재천	국립중앙박물관	서울역사박물관	백범기념관
월드컵공원	남산골 한옥마을	강원도	남산골 한옥마을	조선의 왕릉	아이스월드
철도박물관	농업박물관 / 대법원	월드컵공원	농업박물관	성균관	서대문자연사박물관
이화여대자연사박물관	대학로	유명산	롯데월드 민속박물관	시민안전체험관	국립서울과학관
천마산	롯데월드 민속박물관	제주도	충청도	경상북도	서울숲
천문대	몽촌토성과 풍납토성	짚풀생활사박물관	서대문자연사박물관	암사동 선사주거지	신문박물관
철새	불국사와 석굴암	천마산	성균관	운현궁과 인사동	양재천
홍릉 산림과학관	서대문자연사박물관	한강	세종대왕기념관	전쟁기념관	월드컵공원
화폐금융박물관	서울대공원 동물원	한국민속촌	수원화성	천문대	육군사관학교
선유도공원	서울숲	호림박물관	시민안전체험관	철새	이화여대자연사박물관
독립공원	서울역사박물관	홍릉 산림과학관	시장 체험 / 신문박물관	청계천	중남미박물관
탑골공원	조선의 왕릉	하회마을	경기도	짚풀생활사박물관	짚풀생활사박물관
신문박물관	세종대왕기념관	대법원	강원도	태백석탄박물관	창덕궁
서울시의회	수원화성	김치박물관	경상북도	해인사 고려대장경과 장경판전	천문대
선거관리위원회	승정원 일기 / 양재천	난지하수처리사업소	옹기민속박물관	호림박물관	우포늪
소양댐	옹기민속박물관	농촌, 어촌, 산촌 마을	운현궁과 인사동	유니세프 한국위원회	판소리박물관
서남하수처리사업소	월드컵공원	들꽃수목원	육군사관학교	무령왕릉	한강
중랑구재활용센터	육군사관학교	정보나라	이화여대자연사박물관	현충사	홍릉 산림과학관
중랑하수처리사업소	철도박물관	드림랜드	전라북도	덕포진교육박물관	화폐금융박물관
	이화여대자연사박물관	국립극장	전쟁박물관	서울대학교 의학박물관	훈민정음
	조선왕조실록 / 종묘		창경궁 / 천마산	상수허브랜드	상수도연구소
	종묘제례		천문대		한국자원공사
	창경궁 / 창덕궁		태백석탄박물관		동대문소방서
	천문대 / 청계천		한강		중앙119구조대
	태백석탄박물관		한국민속촌		
	판소리 / 한강		해인사 고려대장경과 장경판전		
	한국민속촌		화폐금융박물관		
	해인사 고려대장경과 장경판전		중남미문화원		
	호림박물관		첨성대		
	화폐금융박물관		절두산순교지		
	훈민정음		천도교 중앙대교당		
	온양민속박물관		한국에너지기술연구원		
	아인스월드		한국자수박물관		
			초전섬유퀼트박물관		